Schatz, Christina – Meinel, Christoph – Zierer, Klaus
(Hrsg.)

Lernen 4.0
– Pädagogik vor Technik

Best-Practice-Unterrichtsbeispiele
für die Sekundarstufe

Schneider Verlag Hohengehren GmbH

Titelbild: © adimas – fotolia.com

Gedruckt auf umweltfreundlichem Papier (chlor- und säurefrei hergestellt)

Bibliografische Information der Deutschen Nationalbibliothek

Die Deutsche Nationalbibliothek verzeichnet diese Publikation in der Deutschen Nationalbibliografie; detaillierte bibliografische Daten sind im Internet über ›http://dnb.d-nb.de› abrufbar.

ISBN 978-3-8340-1975-2
Schneider Verlag Hohengehren, D-73666 Baltmannsweiler
Homepage: www.paedagogik.de

Inhaltsverzeichnis

Vorwort

Liebe Leserin, lieber Leser,

seit einigen Jahren wird Digitalisierung mittlerweile in allen gesellschaftlichen Bereichen sehr kontrovers diskutiert. Chancen und Risiken, Möglichkeiten und Grenzen kamen in zahlreichen Foren und Formaten zur Aussprache. Auch im Bildungsbereich findet diese Auseinandersetzung statt und sie führt dazu, dass heute weitgehend Konsens hinsichtlich der Auffassung besteht: Digitalisierung ist eine gesamtgesellschaftliche Herausforderung, der sich auch und vor allem Schulen und ihre Lehrpersonen stellen müssen.

Vor diesem Hintergrund wurde im Jahr 2018 ein MOOC (Massive Open Online Course) zum Thema „Lernen 4.0 – Chancen und Grenzen einer Digitalisierung im Bildungsbereich" vom Hasso-Plattner-Institut und dem Lehrstuhl für Schulpädagogik der Universität Augsburg entwickelt und auf der Plattform mooc.house öffentlich und kostenlos allen Interessierten zur Verfügung gestellt. Intention dieser Maßnahme war es, einen Beitrag zur Steigerung pädagogischer und didaktischer Medienkompetenz von Lehrpersonen zu leisten. Der MOOC ist eingebunden in das vom Bildungsministerium für Bildung und Forschung (BMBF) geförderte und in Zusammenarbeit mit dem nationalen Excellence-Schulnetzwerk durchgeführte Projekt HPI Schul-Cloud. Die HPI Schul-Cloud ermöglicht zeitgemäßen Unterricht mit modernen Technologien und IT-Architekturen, sodass Lehrkräfte und Schüler in jedem Unterrichtsfach digitale Lehr- und Lerninhalte nutzen können – und zwar so, wie Apps über Smartphones oder Tablets nutzbar sind. Mittlerweile wurde dieser MOOC von über 3.500 Lehrpersonen erfolgreich durchlaufen.

Eine Konsequenz sowohl aus dem HPI Schul-Cloud Projekt im Allgemeinen als auch aus dem MOOC im Speziellen war der von Lehrpersonen geäußerte Wunsch, nicht nur allgemeine, theoretische Informationen zu Schule und Unterricht im Umgang mit einer Digitalisierung zu erhalten, sondern auch konkrete Bausteine für den Unterrichtsalltag. Aus diesem Grund wurde erneut in Kooperation des Hasso-Plattner-Instituts und des Lehrstuhls für Schulpädagogik das Projekt „Lernen 4.0: Von der Theorie in die Praxis – Best Practice im Kontext der Digitalisierung" ins Leben gerufen. Darin sollten Lehrpersonen ihre besten Unterrichtsstunden mit digitalen Medien einsenden. Diese wurden dann in einem Peer-Review-Verfahren begutachtet und eine Auswahl daraus in dem vorliegenden Buch veröffentlicht.

Aufgrund der hohen Reichweite, die der MOOC „Lernen 4.0" erzielte, kam es im Zuge der vorliegenden Publikation auch zu einer engeren Kooperation mit dem Lehrstuhl für Empirische Pädagogik und Pädagogische Psychologie der LMU München. Im Rahmen des Projekts „Zeitgemäßer Unterricht digital" erarbeitete und sammelte das Team um Ulrike Franke, Sascha Rogowsky, Frederik Wittmann und Frank Fischer in Zusammenarbeit mit den MIB-Tutoren der Realschulen Oberbayern-Ost zahlreiche Unterrichtsbeispiele zum digitalen Medieneinsatz. In der vorliegenden Publikation wird nun eine Auswahl an gelungenen Beispielen abgedruckt.
Damit stellt dieses Buch eines der wenigen im deutschen Sprachraum dar, das konkrete Unterrichtsbeispiele zu digitalen Medien in sich vereint, die zudem einem Qualitätsmanagement unterzogen wurden. So kann für alle Beiträge in Anspruch genommen werden, dass sie

a. theoretisch fundiert sind,
b. empirisch anknüpfen an den aktuellen Forschungsstand,
c. möglichst viele Fächer und Schularten einbeziehen.

Einen besonderen Dank möchten wir an dieser Stelle den engagierten Lehrpersonen für die Einsendungen Ihrer Best-Practice-Unterrichtsbeispiele aussprechen. Sie haben – auch wenn wir in diesem Buch nicht alle veröffentlichen können – nicht nur unser „Lernen 4.0"-Projekt bereichert, sondern auch unser methodisches, didaktisches und pädagogisches Verständnis von einer gelingenden Digitalisierung im Unterricht verändert.

Ihre

Christina Schatz, Christoph Meinel & Klaus Zierer

Zum Aufbau des Buches

Das Buch unterteilt sich in zwei große thematische Abschnitte, die sich auf Grundlage von zwei unterschiedlichen theoretischen Modellen zur Digitalisierung im Kontext vom Schule und Unterricht befassen. Dem ersten Abschnitt (Kapitel 1 und 2) liegt das **SAMR-Modell** (nach Ruben R. Puentedura [1]) zugrunde, der zweite Abschnitt (Kapitel 3 und 4) orientiert sich am sogenannten **ICAP Framework** (nach Michelene Chi und Ruth Wylie[2]). Beide Modelle sind Arbeitsmodelle, die auf jeglichen Unterricht, in dem digitale Medien zum Einsatz kommen, anwendbar sind.

In **Kapitel 1** wird das SAMR-Modell als Arbeitsmodell im Umgang mit dem Einsatz digitaler Medien im Unterricht erläutert und mithilfe von Leitfragen veranschaulicht. Daran schließen sich in **Kapitel 2** ausgewählte Unterrichtsbeispiele für verschiedene Schularten, Fächer und Jahrgangsstufen an, die zunächst in Ihrem Ablauf dargelegt und mit Unterrichtsmaterialien beleuchtet werden. Zudem wurde jedes Unterrichtsbeispiel mithilfe des SAMR-Modells reflektiert.

Kapitel 3 und 4 folgen in ihrem Ablauf mithilfe des Orientierungsplans ©KLARA (nach Rogowsky, S.)[3] demselben Schema: **Kapitel 3** enthält eine theoretische Darlegung zum ICAP-Modell, während **Kapitel 4** gelungene Unterrichtsbeispiele für verschiedene Fächer und Jahrgangsstufen der Realschule tabellarisch in ihrem Ablauf zeigt, die mittels vorgestelltem ICAP-Modell eingeordnet und mit Unterrichtsmaterialien visualisiert werden.

---

[1] Puentedura, R. R. (2006, November 28). Transformation, Technology, and Education.
http://homepages.uni-http://www.hippasus.com/resources/tte/ (zuletzt aufgerufen am 15.03.2019).

[2] Chi, M. T. H. (2009). Active-Constructive-Interactive: A conceptual framework for differentiating learning activities, Topics in Cognitive Science, 1(1), 73-105.

[3] Rogowsky, S. (2016, 2017). So leicht geht Projektunterricht. Jahrgangsstufe 5-10. (3 Bd.). Berlin: Cornelsen

1. Unterrichtsbeispiele zum SAMR-Modell

Ein Arbeitsmodell zur Reflexion des digitalen Medieneinsatzes in Schule und Unterricht

Christina Schatz & Klaus Zierer

Ein Arbeitsmodell, das Lehrpersonen eine Reflexionshilfe beim Einsatz digitaler Medien in ihrer täglichen Unterrichtspraxis bietet, ist das SAMR-Modell von Ruben R. Puentedura (2006, 2013). Es verbindet Theorie und Praxis und veranschaulicht zugleich, welche Stufen der Einbindung von digitalen Medien im Unterricht stattfinden können und ab wann sie den Lernprozess effektiv unterstützen können (vgl. Zierer 2018, S. 73). Zudem lässt sich am SAMR-Modell erklären, wie die Bearbeitung und Gestaltung von Aufgaben durch technische Hilfsmittel stufenweise verbessert werden können. Dabei steht stets der Vergleich zum traditionellen Medieneinsatz im Zentrum. Der Name des Modells setzt sich aus den Anfangsbuchstaben der vier Stufen zusammen: „**S**ubstitution" (Ersetzung), „**A**ugmentation" (Erweiterung), „**M**odification" (Änderung) und „**R**edefinition" (Neubelegung) (s. Abb. 1). Die vier Ebenen sollen im Folgenden hinsichtlich des digitalen Medieneinsatzes im Bildungsbereich erläutert werden.

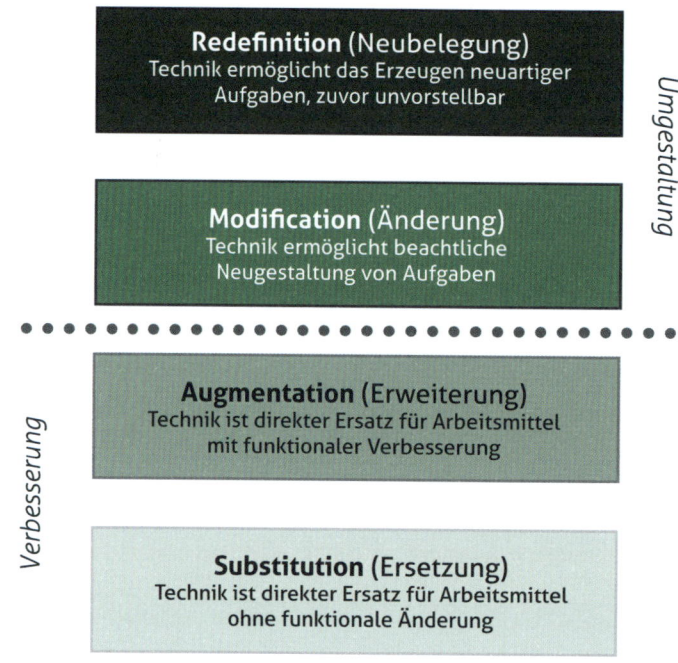

Abbildung 1: Die vier Stufen des SAMR-Modells (nach Puentedura 2013)

Auf der Ebene der **„Substitution" (Ersetzung)** werden traditionelle Medien direkt durch digitale Medien ersetzt, ohne dass ein entsprechender Mehrwert für unterrichtliche Lehr-Lernprozesse erkennbar wird. Es findet keine funktionale Verbesserung statt, lediglich das Medium ändert sich. Als Beispiele sind das Lesen oder Schreiben von Texten an Computer oder Tablet anstelle analoger Texte in einem Buch oder Heft zu nennen.

Leitfragen zum digitalen Medieneinsatz in Ihrem Unterricht

- Ersetzt das digitale Medium ein analoges Medium ohne eine funktionale Verbesserung?

- Welchen Mehrwert bringt es, die ältere Technologie durch ein neues Medium zu ersetzen?

Bei der **„Augmentation" (Erweiterung)** wird eine Digitalisierung als Erweiterung zu den traditionellen Medien verstanden, da insbesondere im Hinblick auf Geschwindigkeit und Verfügbarkeit ein Mehrwert möglich ist. Es findet auch hier eine direkter Ersatz für analoge Arbeitsmittel statt, jedoch mit einer funktionalen Verbesserung, wenn zum Beispiel digitale Grundfunktionen wie die Rechtschreibprüfung oder das Ausschneiden und Ersetzen von Inhalten genutzt werden (Puentedura 2006). Ein Beispiel hierfür sind Lernende, die einen Text nicht manuell mit Stift und Papier schreiben, sondern ihn mittels geeigneter Programme am Computer oder Tablet anfertigen, ihn durch selbst ausgewählte, geeigneten Grafiken und Bilder aus dem Internet ergänzen und die Rechtschreib- und Grammatikprüfung von Schreibprogrammen nutzen. Durch die Nutzung von Unterstützungsmedien wird der Text zwar nicht unbedingt auf inhaltlicher Ebene besser, doch im Hinblick auf die sprachliche Ausgestaltung wird eine Verbesserung ermöglicht.

Leitfragen zum digitalen Medieneinsatz in Ihrem Unterricht

- Ersetzt das digitale Medium ein analoges Medium und führt zu einer funktionalen Erweiterung?

- Habe ich dem Aufgabenprozess eine Verbesserung hinzugefügt, die mit einem analogen Medium nicht oder nur erschwert erreicht werden kann?

Auf der dritten Ebene der **„Modification" (Änderung)** werden digitale Medien im Unterricht so eingesetzt, dass Aufgaben in einer Art und Weise umgestaltet werden, die mit analogen Medien nicht möglich wären und deshalb eine digitale Unterstützung erfordern. Puentedura zählt hierzu textuelle, visuelle und auditive digitale Werkzeuge, die eine soziale und kognitive Vernetzung ermöglichen und Lernende dabei unterstützen, ein gemeinsames Wissen aufzubauen (Wilke 2016 nach Puentedura 2006). Beispielsweise kann dies durch ein gegenseitiges Kommentieren von Blog- oder Wiki-Beiträgen stattfinden, die später als Basis für Klassendiskussionen dienen können. Auch das gemeinsame Verfassen von digitalen Texten kann hier angeführt werden, die abschließend gegenseitig kommentiert und korrigiert werden können. Digitale Medien machen es auf dieser Stufe möglich, von verschiedenen Orten und zu unterschiedlichen Zeiten an ein- und demselben Text zu arbeiten (Zierer 2018, S. 79).

Leitfragen zum digitalen Medieneinsatz in Ihrem Unterricht

- Ermöglicht das digitale Medium eine beachtliche Änderung von Aufgaben?

- Führt die Aufgabe zu einer höheren kognitiven und sozialen Vernetzung?

- Wie wird die ursprüngliche Aufgabe geändert?

- Hängt diese Änderung im wesentlichen von den digitalen Änderungen ab?

Die höchste Ebene im SAMR-Modell ist die Ebene der **„Redefinition" (Neubelegung)**, auf der Aufgaben ohne digitale Unterstützung nicht möglich wären (Wilke 2016 nach Puentedura 2006). Es steht insbesondere die kommunikative und inhaltliche Vernetzung im Vordergrund. Hier kann das digitale Storytelling als eine Kombination aus Video, Text und Bildern beispielhaft genannt werden, das von mehreren Personen an unterschiedlichen Orten zeitgleich bearbeitet werden kann und bei der mit traditionellen Medien eine vergleichbare Präsentation oder Kommunikation nur unter großem Aufwand und zeitlichem Verlust möglich wäre. Wird nun die digitale Geschichte von einer Partnerklasse im fremdsprachigen Ausland überarbeitet und/oder übersetzt und erfolgt dadurch eine Rückmeldung an die Lernenden, so findet zudem eine hohe kognitive und soziale Vernetzung statt.

Leitfragen zum digitalen Medieneinsatz in Ihrem Unterricht

- Ermöglicht das digitale Medium neuartige Aufgaben, die analog nicht realisierbar wären?

- Führt die Aufgabe zu einer hohen kognitiven und sozialen Vernetzung?

- Wie wird die Aufgabe durch digitale Medien einzigartig?

Beim Einsatz digitaler Medien im Unterricht gilt grundsätzlich: Je besser es den Lehrpersonen gelingt, digitale Medien so einzusetzen, dass sie bisherige Aufgaben im Hinblick auf Anforderungsniveau und Kommunikation ändern und neu belegen, desto größer wird ihr Einfluss auf die Lernleistung von Schülerinnen und Schülern. Existiert ein hoher Grad an kognitiver und sozialer Vernetzung, wie es auf den oberen Stufen der Modifikation und Redefinition erreicht werden kann, so können digitale Medien schulisches Lernen verbessern. Ein wichtiger Hinweis ist an dieser Stelle anzubringen: Die auf diesen Ebenen genannte soziale Vernetzung ist nur solange ein Mehrwert, solange sie nicht als Ersatz für traditionelle Kommunikations- und Kooperationsformen fungiert. Steht beispielsweise der Austausch über Onlineforen anstelle einer ebenso möglichen persönlichen Kommunikation im Klassenzimmer, dann verspielt eine Digitalisierung ihre Möglichkeiten.

Die angestellten Überlegungen weisen außerdem auf eine noch wichtigere Frage für gelingende Lernprozesse hin: Welche Ziele werden mit einem digitalen Medieneinsatz verfolgt? Aus didaktischer Sicht bleibt deshalb festzuhalten: Digitale Medien führen nicht per se zu einem erfolgreichen Lernen und sie führen auch nicht selbstschließend zu einem Lernen auf einem bestimmten Anforderungsniveau. Es liegt an der Lehrperson, Lernprozesse zu initiieren und zu erkennen, wann Lernende Aufgaben auf dem Oberflächen- bzw. Tiefenverständnis brauchen, um Lernziele zu erreichen. Der Ort schulischer Bildung ist nicht das Medium. Der Ort schulischer Bildung ist die Interaktion zwischen Menschen. Medien – egal ob digitale oder analoge – können letztlich nur helfen, Lehren und Lernen positiv zu beeinflussen und zur Zielerreichung zu führen. Haben die digitalen Medien hierzu keinen Beitrag geleistet, waren sie aus didaktischer Sicht die falsche Wahl. Überall dort, wo das Digitale Menschen voneinander trennt, anstatt sie zueinander zu führen, wo Tippen an die Stelle des Sprechens tritt, hat es seinen Zweck verfehlt.

Literatur:

Puentedura, R. R. (2006, November 28). Transformation, Technology, and Education. http://homepages.uni-http://www.hippasus.com/resources/tte/ (zuletzt aufgerufen am 15.02.2019).

Puentedura, R. R. (2013, Mai 29). SAMR: Moving from enhancement to transformation. http://www.hippasus.com/rrpweblog/archives/000095.html (zuletzt aufgerufen am 15.02.2019).

Romrell, D., Kidder, L. & Wood, E. (2014). The SAMR Model as a Framework for Evaluating mLearning. In: Online Learning Journal, 18(2), The Online Learning Consortium. https://www.learntechlib.org/p/183753/ (zuletzt aufgerufen am 15.02.2019).

Wilke, Adrian (2016, Januar 2016): Das SAMR Modell von Puentedura. Übersetzung der wichtigsten Begriffe ins Deutsche. http://homepages.uni-paderborn.de/wilke/blog/2016/01/06/SAMR-Puentedura-deutsch/ (zuletzt aufgerufen am 15.02.2019).

Zierer, K. (2018): Lernen 4.0. Pädagogik vor Technik. Möglichkeiten und Grenzen einer Digitalisierung im Bil-dungsbereich. 2., erw. Aufl., Baltmannsweiler: Schneider.

2. Unterrichtsbeispiele zum SAMR-Modell

In diesem Kapitel finden Sie Best Practice-Unterrichtsbeispiele für verschiedene Fächer, Schularten und Jahrgangsstufen der Sekundarstufe, die von Lehrpersonen aus verschiedenen Bundesländern geplant, durchgeführt und ausgewertet wurden. Sie werden jeweils in ihrem Ablauf vorgestellt, mit Unterrichtsmaterialien veranschaulicht sind und zuletzt mithilfe des in Kapitel 1 vorgestellten SAMR-Modells eingeordnet und reflektiert.

2.1 Digitales Lernenden-Feedback einholen und auswerten

Benedikt Wisniewski & Jonas Tögel

Unterrichtsthema und Lehrplanbezug

„Lernenden-Feedback einholen und mit einem Experten auswerten":

Das Thema Lernenden-Feedback lässt sich fach- und jahrgangsstufenübergreifend anwenden. Für die Lehrkräfte geht es darum, sich von ihren Lernenden Rückmeldung über verschiedene Aspekte ihres Unterrichts einzuholen. Das vorliegende Beispiel wurde in einer 10. Klasse eines Gymnasiums nach einer Unterrichtssequenz zu „gerunds and participles" im Englischunterricht durchgeführt.
Es lässt sich jedoch auch in anderen Fächern und Jahrgangsstufen unkompliziert einsetzen.

Beschreibung des Unterrichtsverlaufs

Nach der dreiwöchigen Unterrichtssequenz zu „gerunds and participles" erfolgt ein digitales Lernenden-Feedback mit Hilfe eines kurzen Fragebogens über die FeedbackSchule-App (http://wp.feedbackschule.de/). Dazu schaltet die Lehrkraft zunächst mit wenigen Klicks den fertigen „teaCh"-Fragebogen für die Lernenden frei, diese rufen mit ihren eigenen Smartphones nun die o.g. Website an, geben einen vorgegebenen Fragebogen-Code ein und füllen in etwa zehn Minuten den Fragebogen aus.
Diese vorliegende Unterrichtsstunde wurde zusätzlich von einem externen Feedback-Experten (Variante: auch mit KollegIn möglich) hospitiert und anschließend mit Hilfe des gleichen Fragebogens eingeschätzt. Ferner schätzt auch die Lehrkraft selbst ihren eigenen Unterricht per Fragebogen ein, sodass insgesamt drei Feedback-Perspektiven vorliegen.

In einem Auswertungsgespräch mit dem Feedback-Experten werden das Feedback der Lernenden sowie des Beobachters mit der Selbsteinschätzung der Lehrkraft verglichen und die Ergebnisse ausgewertet, um darauf aufbauend mit Hilfe der SWOT-Analyse das Entwicklungspotenzial aufzuzeigen.

Zur Ergebnisdarstellung und -auswertung des digitalen Feedbacks am vorliegenden Beispiel:

Der „teaCh"-Fragebogen für Schülerinnen und Schüler bildet sieben Kategorien (Fürsorge, Herausforderung, Klarheit, Klassenführung, Motivierung, Sicherung des Lernerfolgs, Zusammenarbeit und Rückmeldung) ab, die von den Lernenden mittels verschiedener Fragen bewertet werden. Der Mittelwert der Schülerbewertungen wird für jede Kategorie in einem Barometer angegeben (vgl. Abb. 2)

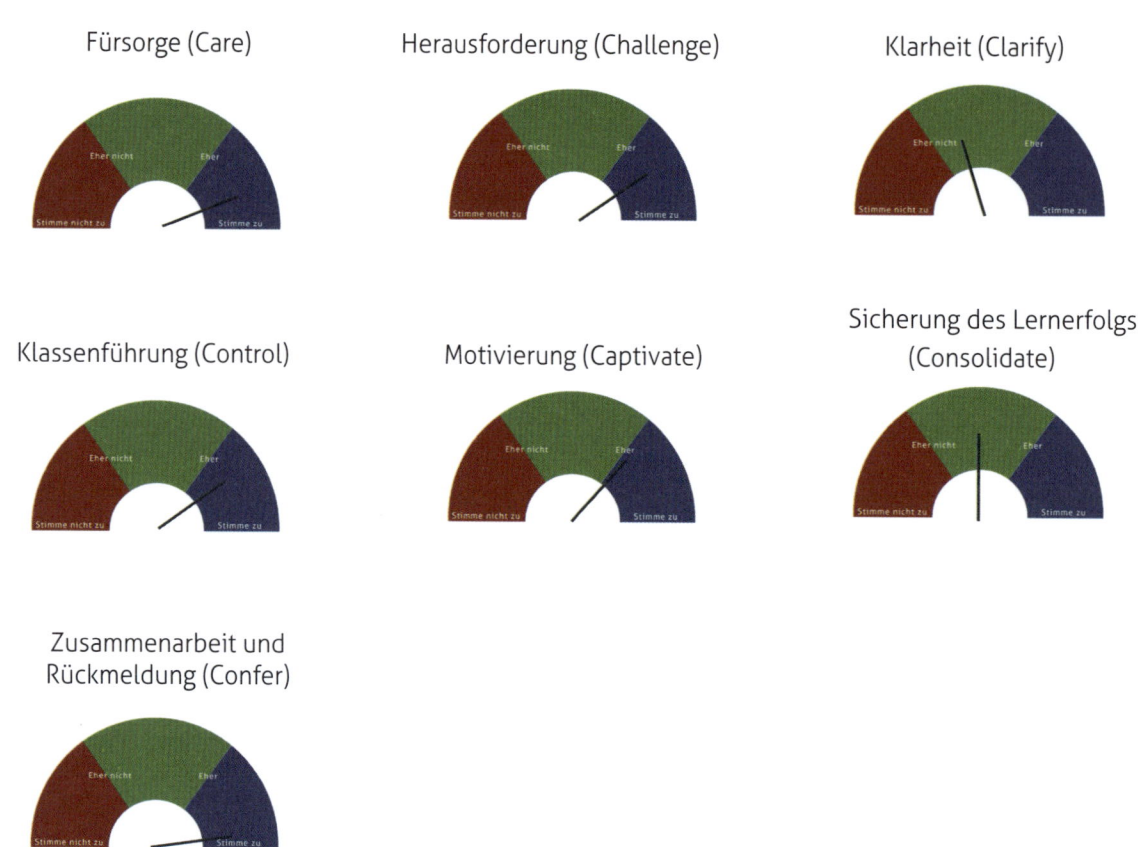

Fürsorge (Care) Herausforderung (Challenge) Klarheit (Clarify)

Klassenführung (Control) Motivierung (Captivate) Sicherung des Lernerfolgs (Consolidate)

Zusammenarbeit und Rückmeldung (Confer)

Abbildung 2: Ergebnisse der Schülerrückmeldungen des „teaCh"-Fragebogens zu den sieben Kategorien

Für eine detailliertere Auswertung wurden die einzelnen Fragen bzw. Items genauer unter die Lupe genommen und verschiedene Perspektiven gegenübergestellt (vgl. Abb. 3).

Am Beispiel von Item 7 („Die Lehrperson hat mir am Anfang der Stunden einen groben Überblick über die Inhalte der Stunden gegeben.") lässt sich eine Auffälligkeit erkennen: Die Lehrperson (rot) schätzt sich selbst deutlich besser ein, als sie von den Lernenden (grün) und dem externen Experten (schwarz) wahrgenommen wird. Hieraus ergibt sich Potenzial für die gemeinsame Auswertung in der anschließenden SWOT-Analyse (vgl. Abb. 5).

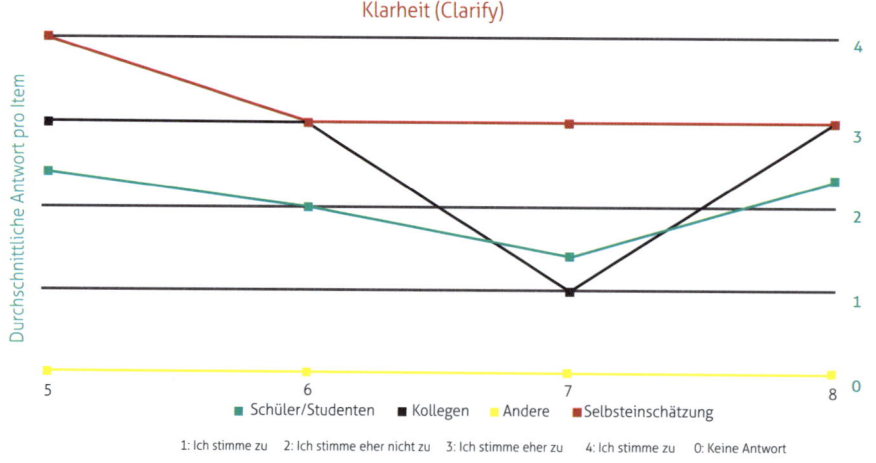

Abbildung 3: Mittelwerte der drei Perspektiven (grün: Lernende / schwarz: ExpertIn oder KollegIn /rot: Lehrperson) zu den Items 5, 6, 7 und 8

Auch die Items 20 („Die Lehrperson hat mir in den Stunden genau gezeigt, wie ich bestimmte Aufgabenstellungen lösen kann."), 23 („Die Lehrperson gab mir zu meinen Leistungen ein hilfreiches Feedback.") und 25 („Im Unterricht gab es ausreichend Gelegenheiten, die neuen Inhalte zu üben.") weisen deutliche Diskrepanzen in den Bewertungen auf und werden gemeinsam hinterfragt und besprochen (s. Abb. 4).

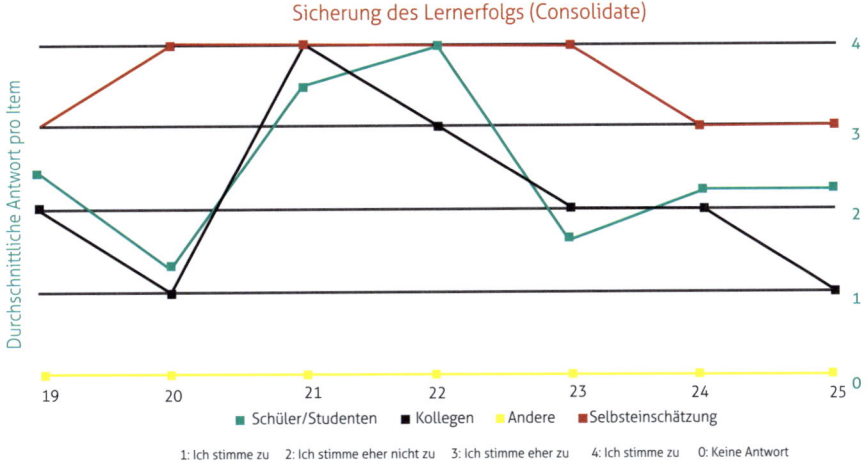

Abbildung 4: Mittelwerte der drei Perspektiven zu den Items 19 bis 25

Die Ergebnisse aus der Analyse der sieben Kategorien, der Einzelitemauswertung sowie dem Perspektivvergleich werden in den vier Feldern der SWOT-Analyse (n. Wollny & Paul 2015 und Pelz 2018) festgehalten:

Ressourcen (Strengths)
- „Das Lehrer-Schüler-Verhältnis passt."
- „Die Klassenführung funktioniert gut."
- „Der Unterricht ist interessant und motivierend."
- „Die Lernenden gehen gerne in den Englischunterricht."

Schwierigkeiten (Weakness)
- „Ich kann nicht gut erklären."
- „Ich will zu viel pro Stunde schaffen."
- „Ich gehe zu wenig auf die Lernenden ein."
- „Lernenden wissen nicht, wohin ich mit ihnen will."
- „Ich verzettele mich bei der Vorbereitung."

Chancen (Opportunities)
- „Ich könnte die Stofffülle reduzieren."
- „Ich muss meine Unterrichtsplanung ändern: Schwerpunkt auf Erreichung der Lernziele."
- „Ich könnte den Lernenden eine andere Art der Rückmeldung geben."

Risiken (Threats)
- „Die Interessantheit könnte verloren gehen."
- „Der Anspruch könnte verloren gehen."
- „Die Ansprüche der Fachseminarlehrerin sind möglicherweise nicht mehr erfüllt, wenn ich etwas ändere."

Abbildung 5: SWOT-Analyse

Darauf aufbauend wurden Zielvereinbarungen mit der Lehrperson formuliert und festgehalten:

Verändern:
- „50 %-Regel" für Unterrichtsplanung (mindestens die Hälfte der Vorbereitungszeit wird für präzise Lernzieldefinition und Überlegung der Erklärschritte verwendet);
- Rückmeldung an die Lernenden zu Übungsarbeiten erfolgt anhand einer festen Struktur;

Beibehalten:
- freundlicher, wertschätzender Umgang;
- hohe Erwartungen;
- Eingehen auf Interessen der Lernenden;

Eine gemeinsame Besprechung des Feedbacks und der Veränderungsstrategien fand mit den Lernenden in der nächsten Unterrichtsstunde statt.

Reflexion mithilfe des SAMR-Modells

Hier werden die SAMR-Ebenen der Augmentation und Modification erreicht: Zwar wäre das Einholen von Schüler-Feedback mit Hilfe eines Fragebogens auch analog möglich, doch der zeitliche Mehraufwand – insbesondere bei der Auszählung und Auswertung der Feedbackbögen – wäre beträchtlich (Augmentation). Das Einbeziehen unterschiedlicher Perspektiven in den Feedback-Prozess – hier durch einen externen Experten – sowie die gemeinsame Auswertung und Analyse des Feedbacks ermöglicht eine Erweiterung der im Unterricht ablaufenden Interaktionsprozesse (Modification).

Literatur:
Wollny, V. & Paul, H. (2015): Die SWOT-Analyse: Herausforderungen der Nutzung in den Sozialwissenschaften. In: Niederberger, M. & Wassermann, S. (Hrsg.): Methoden der Experten- und Stakeholdereinbindung in der sozialwissenschaftlichen Forschung. Wiesbaden: Springer Fachmedien. S. 189-213.
Pelz, W. (2018): SWOT-Analyse. Definition, Beispiele und Vorlagen zum Erstellen einer SWOT-Analyse. Techni-sche Hochschule Mittelhessen: https://www.wpelz.de/swot-analyse/SWOT-Analyse.pdf (zuletzt aufge-rufen am 12.03.2019).

2.2 Picture Story und Digital Storytelling

(Englisch, 9. Jg.)

Veith Rühling

Unterrichtsthema und Lehrplanbezug

„A Trip to the Arctic" – Picture Story/Digital Storytelling":

Das Unterrichtsthema bezieht sich auf den landeskundlichen Bereich „Kanada" und „Inuit People" (Bayer. Lehrplan, Mittelschule, M-Zweig; vgl. Staatsinstitut für Schulqualität und Bildungsforschung München, 2019, 9.1.1). Zu den rezeptiven Textarten gehören unter anderem „längere Erzähltexte" und „bildgestützte Texte" (LP 9.2) sowie Bildergeschichten bei den produktiven Textformen (LP 9.3.4). Der mündliche Sprachgebrauch sieht vor, „in Bildern dargestellte Geschichten" zu erzählen (LP 9.3.2).

Beschreibung des Unterrichtsverlaufs

Ausrichten: Die Lehrperson zeigt über den Beamer das gezeichnete Bild eines Jungen im Schneesturm (vgl. Abb. 6).

Abbildung 6: Finn in the Artic (Greenpeace Kids)

Da sich die Stunde am Ende der Sequenz zu Kanada („Life in the North") befindet, fällt den Lernenden eine Verortung und die Aktivierung bisher erlernter sprachlicher Mittel leicht. Die Schülerinnen und Schüler äußern sich zum Bild und stellen, neben der reinen Beschreibung des Inhalts, auch Vermutungen über die Situation und den Zusammenhang an. Aussagen und Ideen sowie einzelne Vokabeln werden in kurzer Form von der Lehrperson an der (digitalen) Tafel gesammelt, um eine erste Struktur und Würdigung der Aussagen zu erreichen.
Im Anschluss erhalten die Lernenden in Zweierteams acht ungeordnete, gezeichnete Bilder (alle Lernenden die vollständige Zahl der Bilder), die auch das bereits gezeigte Bild enthalten. Auch ohne direkten Input der Lehrperson erkennen die SuS, dass es sich um eine Geschichte handelt und die Bilder für eine Erzählung in eine sinnvolle Reihenfolge gebracht werden müssen.

Vorwissen aktivieren: In Partnerarbeit erstellen die Lernenden zu den Bildern eine passende Vokabel- und Kurzsatzsammlung (Entwurf). Dabei bedienen sie sich der bisher erlernten sprachlichen Mittel aus der Sequenz und nutzen diese zielgerichtet zum Storytelling. Dies kann klassisch im Schulheft erfolgen oder gleich digital umgesetzt werden (Textverarbeitung auf Tablet, Notebook, PC).

Informieren: Die Lernenden schlagen aber auch unbekannte oder unsichere Vokabeln mittels Handys auf leo.org nach. Da alle Lernenden einen eigenen Account bei leo.org haben, können sie die nachgeschlagenen

Vokabeln mit einem Klick abspeichern. Diese individuell gespeicherten Vokabeln werden automatisch in den Vokabel-Pool der ganzen Klasse aufgenommen, sodass jedes Klassenmitglied vom Nachschlagen des Einzelnen profitiert. Diese themenbezogenen Vokabeln werden dann beim Üben mit der leo.org-App immer wieder mit abgefragt und erweitern so individuell und kollektiv den Wortschatz der Lernenden. In beratender Funktion steht die Lehrperson die ganze Zeit zur Verfügung und kann z. B. bei grammatikalischen Problemen oder idiomatischen Wendungen unterstützen. Aus dem Vorwissen und aktiv erarbeiteten weiteren Inhalten vervollständigen die Lernenden ihre Erzählung. Dies kann entweder im Schulheft erfolgen oder in einer Textverarbeitung notiert werden (Tablet, Notebook oder PC-Raum).

Verarbeiten: Im Anschluss an die Texterstellung setzen die Lernenden ihre Geschichte mittels Digital Storytelling um. Dabei benutzen sie die Spark-Video-App (iPad) von Adobe oder loggen sich über den Browser ihres Notebooks oder PCs auf spark.adobe.com ein (vgl. Abb. 7). Hier wählen die Lernenden die Erstellung eines Spark Videos aus.

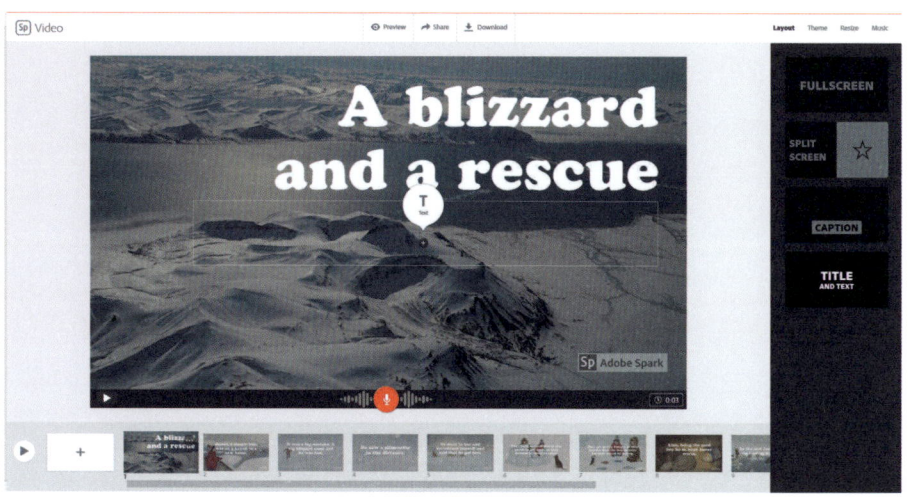

Abbildung 7: Spark-Video von Adobe

Die Bilder der Geschichte werden den Lernenden digital breit gestellt (Netzwerklaufwerk, Schul-Cloud), sodass sie die Bilder in entsprechender, individueller Reihenfolge in das Spark Video laden können. Ergänzt werden können die Bilder durch weitere Fotos, die über die Suchfunktion zu kostenlosen Bildern in die App und die Website integriert sind. Jede Folie des Spark Videos wird mit Textauszügen aus der Geschichte unterstützt (Kurzsatz oder sogar nur ein bis zwei Schlagwörter), um den Betrachter zu unterstützen. Zur Vervollständigung und zum zusätzlichen mündlichen Sprachgebrauch sprechen die Lernenden die Geschichte über die Aufnahmefunktion der App oder im Browser als Off-Stimmen über die Folien. Im Zusammenspiel mit automatischen Folienübergängen und begrenzt anpassbarem Layout entsteht so eine erzählte Bildergeschichte im Sinne des Digital Storytellings. Die Produktion über die Adobe Spark Video App oder im Browser über die Adobe Spark Website ermöglicht zudem eine einfache und kostenlose Veröffentlichung der Arbeiten, die für die Auswertung genutzt wird.

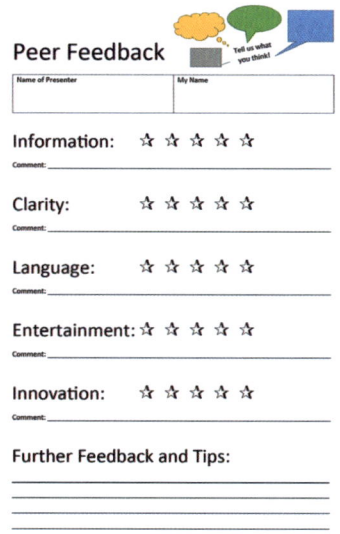

Auswerten: Die Ergebnisse der Teams werden in Auszügen in der Klasse vorgestellt, gemeinsam reflektiert und bewertet. Dies ist allerdings nur ein kleines Element der Auswertung, das noch direkt in der Stunde durchgeführt werden kann (vgl. Abb. 8).

Abbildung 8: Arbeitsblatt zum Lernenden-Lernenden-Feedback

Das Hauptanliegen ist aber der Austausch mit einer kanadischen Kooperationsklasse. So können alle Lernenden-Teams über die App oder die Website einen Link zu ihrem Spark Video erzeugen. Diese Links werden per E-Mail oder Instant Messaging an die Partnerklasse der kanadischen Schule verschickt. Wer den Link vorliegen hat, kann die Arbeit als Video auf der Adobe Spark Website abspielen. Die Lehrperson der kanadischen Klasse teilt die Videos der deutschen Lernenden Zweierteams in seiner Klasse zu, die die Videos anschauen und nach vorgegebenen Items (Aussprache, Vokabeln, Grammatik, Verständlichkeit der Geschichte, Unterhaltungswert, Spannung, Gesamteindruck) ein Feedback inklusive Tipps für das jeweilige deutsche Team formulieren. Dieses PDF-Feedback-Formular senden die kanadischen Lernenden per E-Mail an die deutschen Lerner zurück, die ihre Geschichten anhand dieser Rückmeldungen nochmals überarbeiten können.

Die Lernenden erhalten so nicht nur ein Feedback seitens der eigenen Lehrperson, sondern ebenfalls eine Rückmeldung gleichaltriger Muttersprachler. Sind die Lernenden mit ihrer Arbeit zufrieden und haben sie das Feedback berücksichtigt, können sie die Spark Videos auch öffentlich online stellen. Dies entspricht auch einer großen Würdigung der Arbeit, die geleistet wurde. Zu einem späteren Zeitpunkt wird die deutsche Klasse als Feedbackgruppe für die kanadischen Lernenden fungieren.

Reflexion mithilfe des SAMR-Modells

In Bezug auf das SAMR-Modell bildet das Konzept alle Stufen des Modells ab. Beamer zur Bilddarstellung und PC zum Notieren erster Entwürfe und der Geschichte sind klar auf der Ebene der Substitution (Ersetzung) angesiedelt.

Der Einsatz eines elektronischen Wörterbuchs (leo.org-App oder Website) befindet sich auf der Stufe der Augmentation, da die hohe Suchgeschwindigkeit und die fehlertolerante Suche lediglich eine Erweiterung des klassischen Wörterbuchs sind. Allerdings bewegt sich der Einsatz mit dem gemeinsamen Vokabel-Pool, der bei der Arbeit von allen Lernenden „gefüttert" wird und dann für die Übungen in der App bereitsteht, klar auf eine Modification (Änderung) zu – wenn auch noch nicht in Reinform.

Eine klare Modification (Änderung) stellt der Einsatz der Adobe Spark Tools dar. Sie gehen deutlich über eine einfache Erweiterung bekannter Tools hinaus. Die technische Niederschwelligkeit, die strikte Auslegung auf das Digital Storytelling, unterstützende Ressourcen und die Onlineverfügbarkeit, die das Teilen der Inhalte mit einem Klick ermöglicht, sind eine Technik, die eine beachtliche Neugestaltung von Aufgaben ermöglicht.

Das über Spark und E-Mail/Instant-Messaging nun mögliche Peer Assessment mit einer Partnerschule in Kanada ist die höchste Form und damit eine Redefinition (Neubelegung). Ohne die genannten digitalen Medien und die Plattform wäre die Umsetzung eines solchen Feedback-Prozesses nicht sinnvoll umsetzbar.

Literatur:
Greenpeace Kids. (7. März 2019). Finn in der Arktis. Youtube: https://youtu.be/qriZpCpSgvM.
Staatsinstitut für Schulqualität und Bildungsforschung München. (7. März 2019). Lehrplan Mittelschule M-Klassen. ISB Lehrplan: https://www.isb.bayern.de/mittelschule/lehrplan/mittelschule-m-zug/jahrgangsstufenlehrplan/englisch/9-jahrgangsstufe/1336/.

2.3 Das digitale Versuchsprotokoll

(Chemie, 7. Jg.)

Franz Albers

Unterrichtsthema und Lehrplanbezug

„Erstellung von Versuchsprotokollen am Beispiel der Reaktion von Eisen und Schwefel":

Die Erstellung von Versuchsprotokollen stellt eine begleitende Methode des naturwissenschaftlichen Unterrichts dar. Am niedersächsischen Gymnasium Marianum in Meppen arbeitet der siebte Jahrgang seit Anfang 2018 mit digitalen Lernbegleitern (Tablets). Auf diesen ist die App „Explain Everything" installiert, mit der sich das klassische Versuchsprotokoll in eine digitale Version überführen lässt. Entscheidende Vorteile gegenüber dem klassischen Versuchsprotokoll sind dabei die Kollaboration innerhalb der Schülergruppe, die Einbindung von Fotos sowie Videos der Versuchsdurchführung. Die beschriebene Methode lässt sich ebensogut mit anderen digitalen Werkzeugen wie z.B. OneNote und Teams o.ä. umsetzen.
Entscheidend sollte bei der Auswahl sein, dass sich das Video idealerweise intuitiv innerhalb des Protokolls abspielen lässt und somit durch die SuS als integraler Bestandteil des Protokolls wahrgenommen wird.

Beschreibung des Unterrichtsverlaufs

Der Stundenaufbau orientiert sich am forschend-entwickelnden Verfahren nach Schmidkunz (2003):
Nach einem informativen Einstieg wird das Experiment angebahnt. Die Anleitung entnehmen die Lernenden der Schul-Cloud[4] (HJ-bX277m), die Versuchsdurchführung sowie sicherheitsrelevante Aspekte werden vorab besprochen, Fragen werden geklärt.
Während des zentralen Schülerversuches in Gruppen von je vier Lernenden im Schülerdigestorium wird der Versuch von einem oder zwei Mitgliedern mit dem digitalen Lernbegleiter (Tablet) gefilmt. Das Video wird abschließend geschnitten und so auf das wesentliche Geschehen reduziert.
In der Auswertungsphase wird mittels der App „Explain Everything" kollaborativ das digitale Versuchsprotokoll erstellt, das neben den klassischen Inhalten ergänzt wird um ein beschriftetes Foto des Versuchsaufbaus, der Ausgangsstoffe und Produkte sowie das Video der Versuchsdurchführung. (Eine ausführliche Beschreibung mit Link zum Video ist im Blog marianum-digital.de zu finden: http://lehrer.marianum-digital.de/?p=773.)
In einer ersten Sicherungsphase werden ein oder mehrere Videos im Plenum angesehen, Beobachtungen und die Versuchsdeutung werden verglichen.
In der zweiten Sicherung überarbeiten die Lernenden ihre Protokolle und speichern diese im Gruppenordner ab, wo der Lehrer sie nach dem Unterricht überprüfen und ggf. Rückmeldung geben kann – ist Feedback erwünscht oder von der Lehrperson vorgesehen, bietet sich dafür auch die Nutzung des Aufgabenmoduls der Schul-Cloud an.

---

4 Der Code dient dazu, innerhalb der HPI Schul-Cloud das Thema „Erhitzen von Eisen und Schwefel" direkt in einen eigenen Kurs übernehmen zu können. Wenn Sie einen Zugang zur HPI Schul-Cloud besitzen, können Sie im Kurs, in dem Sie das Thema nutzen möchten auf den Button „Thema importieren" klicken, den Code eingeben und speichern.

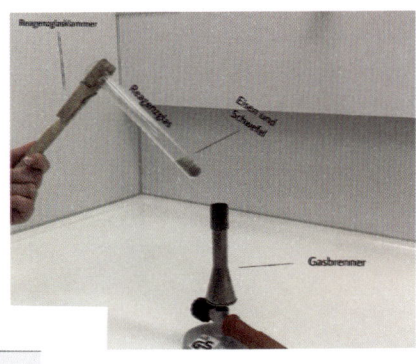

Versuch: Erhitzen von Eisen und Schwefel

27.04.18

Material:

Schwefel, Eisen, Reagenzglas,Reagenzglasklammer, Spatel, Uhrglas

Versuchsskizze:

Versuchsdurchführung:

Drei Spatelspitzen Schwefel- und Eisenpulver werden nebeneinander auf ein Blatt Papier gegeben und miteinander verglichen. Anschließend werden sie vermischt.

Das Gemisch wird in ein Reagenzglas gefüllt und mit der Reagenzglasklammer in die rauschende Brennerflamme gehalten und erhitzt. Sobald das Gemisch zu glühen beginnt wird es aus der Flamme genommen und weiter beobachtet!

Ist das Reagenzglas abgekühlt wird das Versuchsprodukt herausgenommen und mit den Ausgangsstoffen verglichen.

Beobachtungen:

• Es wurde flüssig
• Es fing an zu glühen
• Anschließend entstand ein gelblicher Qualm
• Es wurde fest
• fester, schwarz grauer Rückstand

	EISEN	SCHWEFEL	EISENSULFID
FARBE	Grau / Schwarz	Gelb	Grau / Schwarz
VERFORMBARKEIT	Pulver, (ja)	Pulver, (ja)	Fest, (nein)
VERHALTEN BEIM ERWÄRMEN	wird flüssig	Glüht und wird flüssig	Glüht und wird warm, wird fest
DICHTE	7,86 g/cm³	2,1 g/cm³	4,7 g/cm³
SCHMELZTEMPERATUR	1538°C	115,2°C	1195°C

Bitte entsprechend der Ergebnisse beim Vergleich noch verbessern!

Deutung:

Es hat eine chemische Reaktion stattgefunden, bei der aus den Ausgangsstoffen Eisen und Schwefel ein neuer Stoff mit neuen Eigenschaften entstanden ist. Dieser neue Stoff heißt Eisensulfid. Bei der Reaktion wurde Energie in Form von Wärme und Licht freigesetzt, weshalb man von einer exothermen Reaktion spricht.

Reaktionsgleichung:

Eisen + Schwefel —> Eisensulfid | exotherm

Video:

WIR HABEN ES ERHITZT UND DANN HAT ES GEGLÜHT

Ihr habt gut beobachtet und die Vorgaben für das digitale Versuchsprotokoll sehr gut umgesetzt! Eine prima Idee, die Fotos von Ausgangsstoffen und Produkt in das Video zu integrieren! 👍

Abbildung 9: Schülerbeispiel eines digitalen Versuchsprotokolls (Quelle: Albers 2018)

Reflexion mithilfe des SAMR-Modells

Im Wesentlichen wird zunächst das klassische Versuchsprotokoll in seiner ursprünglichen Form digital erstellt (Ebene der Ersetzung / Substitution), was erweitert wird durch beschriftete Fotos und ein Video (Augmentation).

Hinzu kommt die soziale Komponente durch die Kollaboration mit „Explain Everything" (auch zu Hause ist die gemeinsame Weiterarbeit über „Explain Everything" inklusive einer Chat-Funktion möglich) und die Option des direkten Feedbacks über das Aufgabenmodul der Schul-Cloud. Hier bieten sich im Sinne der Redefinition ganz neue Aufgabenansätze: So können beispielsweise die Lernenden in Kleingruppen orts- und zeitunabhängig (am Nachmittag daheim) Experimente arbeitsteilig durchführen und anschließend gemeinsam protokollieren und auswerten, das Ergebnis der gesamten Klasse präsentieren und zeitnah Feedback vom Lehrer erhalten.

Literatur:
Albers, Franz (2018): Das Digitale Versuchsprotokoll. http://herralbers.de/?p=786 (zuletzt aufgerufen am 04.03.2019).
Schmidkunz, H.; Lindemann, H. (2003): Das forschend-entwickelnde Unterrichtsverfahren. Problemlösen im naturwissenschaftlichen Unterricht: Mit aktuellen Unterrichtsbeispielen. Westarp: Hohenwarsleben.

2.4 Probleme der zukünftigen Energieversorgung

(Physik, 9. Jg.)

Dennis Jankowski

Unterrichtsthema und Lehrplanbezug

„Probleme der zukünftigen Energieversorgung"

Der Kernlehrplan Physik (G8) NRW führt unter dem Punkt Inhaltsfelder und fachliche Kontexte für das Fach Physik in der Sekundarstufe I die Kontexte „Effiziente Energienutzung: eine wichtige Aufgabe der Physik" und „Zukunftssichere Energieversorgung" auf.

Beschreibung des Unterrichtsverlaufs

Es handelt sich um eine Unterrichtsreihe, deren Themen von Lernenden für Lernende aufgearbeitet und im Normalfall als Referat präsentiert werden sollen. Um die Nachhaltigkeit zu gewährleisten und zugleich Material für andere Schüler zu erstellen, sollten die Präsentationen auf die Seiten des schuleigenen Wikis (vgl. Abb. 10) hochgeladen werden.
In der ersten Stunde wurden die möglichen Themen in der Form eines Brainstormings gesammelt. Die Schülerinnen und Schüler sollten Kleingruppen bilden und sich außerhalb des Unterrichts auf zwei bis drei Themen einigen, die sie interessierten. Zur gruppeninternen Abstimmung und Materialsammlung sollten hierbei kollaborative Tools benutzt werden (hier zumpad.zum.de).
In der nachfolgenden Stunde wurden die Themen verteilt und die Anforderungen an die erstellten Produkte konkretisiert:

- kein Copy-Paste
- nur CC-Bilder (oder selber gezeichnet)
- Angabe von Quellen
- drei Fragen zur Überprüfung, ob der Leser den Text verstanden hat (spätere Fragen für die Lernzielkontrolle)
- Schülerideen zu Textinhalt/-struktur

Die Texte sollten kollaborativ im PC-Raum und dann von Zuhause erstellt werden.
In der nachfolgenden Stunde wurden die Texte von den Lernenden (im PC-Raum) auf die Wiki-Seite hochgeladen.
Eine andere Gruppe (hier wurde die Gruppe mit dem jeweils nächsten Thema gewählt) hatte in der gleichen Stunde die Aufgabe, den Text auf Sach- und Rechtschreibfehler zu untersuchen und die entsprechenden Anmerkungen an die Autoren zurück zu melden.

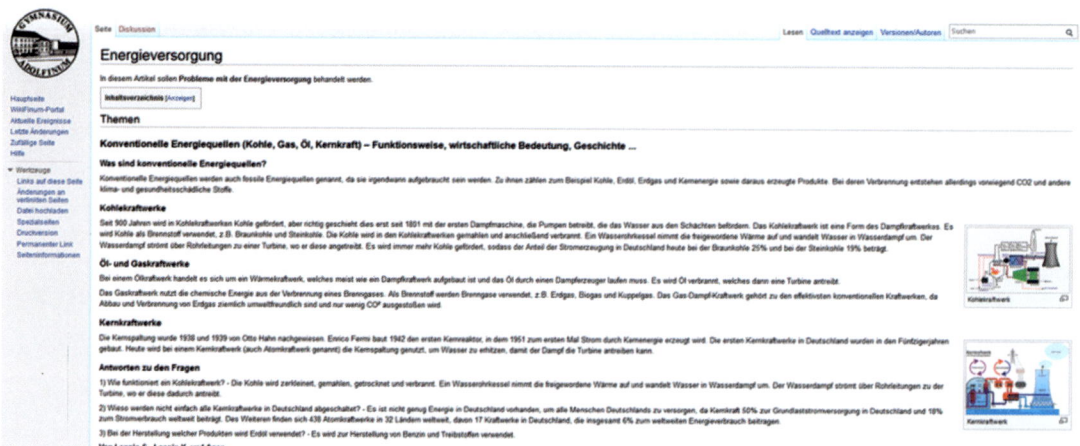

Abbildung 10: Beiträge der Lernenden auf der Wiki-Seite der Schule
(http://wikifinum.zum.de/wiki/Energieversorgung)

Reflexion mithilfe des SAMR-Modells

Im SAMR-Modell ist die Verwendung der digitalen Medien (v.a. zum.de) auf der Stufe der Augmentation (Erweiterung) zu verorten. Die eingesetzte Technik ist hier ein direkter Ersatz für Stift und Papier bzw. für Powerpointgestützte Referate. Eine Erweiterung findet durch das kollaborative Arbeiten auch außerhalb des Unterrichts statt. Zudem sind die Ergebnisse der Lerngruppen länger verfügbar und es können weitere Medien verlinkt werden. Die direkte Online-Veröffentlichung macht ein genaues Arbeiten der Schülerinnen und Schüler unerlässlich.

2.5 Gravitation 4.0 – Messung des Gravitationsfeldes der Erde mit Hilfe von Satelliten

(Physik, 11. Jg.)

Carsten Mayer

Unterrichtsthema und Lehrplanbezug

Gravitation und Satellitenbewegungen:

Im Physik-Lehrplan der Oberstufe in Reinland-Pfalz ist das Thema Gravitation als Wahlpflichtthema mit einem Stundenumfang von sechs Stunden angegeben. Thematisch sollen das Gravitationsgesetz sowie Satellitenbewegungen behandelt werden.
Das hier beschrieben Unterrichtsthema befasst sich mit der Messung des Gravitationsfeldes der Erde mit Hilfe von Satelliten. Es verknüpft also die beiden Themenschwerpunkte dieses Themas.

Beschreibung des Unterrichtsverlaufs

Auf einem einführenden Arbeitsblatt erhalten die Schülerinnen und Schüler Informationen zu Satelliten-missionen, die dazu dienten, das Gravitationsfeld der Erde zu vermessen. Dabei werden ihnen auch die unterschiedlichen Prinzipien der Messungen verdeutlicht. Die meisten Missionen beruhen darauf, dass der Satellit als Probemasse im Gravitationsfeld der Erde angesehen wird und durch die hochgenaue Vermessung der Satellitenbahn mit Hilfe des GPS-Systems eine Korrektur der Gravitationsfeldmodelle vorgenommen wird. Erst die Satellitenmission GOCE benutzte eine Gradiometer zur direkten Vermessung der Gravitation. Das Messprinzip eines Gradiometers erarbeiten die Schülerinnen und Schüler anhand einer Grafik und eines äquivalenten Demoexperiments.

In der **Erarbeitungsphase** erhalten die Schülerinnen und Schüler den Auftrag, sich arbeitsteilig drei Videos anzuschauen. Die Videos beschäftigen sich mit den Ergebnissen der Satellitenmission GOCE. Quelle der Videos ist die zugehörige Internetseite der Satellitenmission GOCE bei der ESA. Sie werden über die Schul-Cloud[5] den Schülerinnen und Schülern zur Verfügung gestellt.

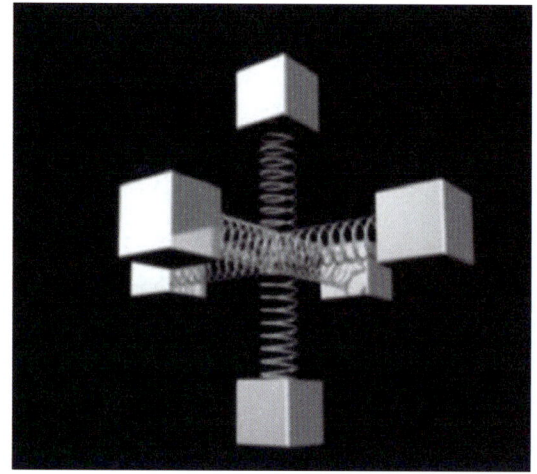 

Abbildung 11: ESA, Id: 222296 und Id: 398826

---

[5] Es wurde die HPI-Schul-Cloud eingesetzt: https://schul-cloud.org/.

Das erste Video (ESA Id: 439891) beschäftigt sich mit der Gletscherschmelze in Grönland, die der Satellit durch die veränderte Gravitation in diesem Bereich registriert. Das zweite Video (ESA Id: 456459) zeigt die Verbesserung der Suche nach Bodenschätzen durch die Gravitationsmessungen der Mission GOCE. Dabei geht es vor allem um die verbesserte Auflösung der Mission GOCE im Vergleich zu ihren Vorgängermissionen. Das dritte Video (ESA Id:411482) veranschaulicht die Registrierung eines Erdbebens durch den Satelliten. Die Lernenden sollen die Inhalte der Videos zusammenfassen. Dabei sollen auf die Aspekte des physikalischen Messprinzips des Satelliten, der Verbesserung der bestehenden Situation durch die Messwerte des Satelliten und die Bedeutung der Forschungsergebnisse für die Allgemeinheit eingegangen werden.

In einer abschließenden **Sicherungsphase** präsentieren die Schülerinnen und Schülern in Gruppen ihren Mitschülern ihre Zusammenfassungen. Eine schriftliche Sicherung ist hier nicht notwendig, da die Videos in der Schul-Cloud allen Schülerinnen und Schülern jederzeit und an jedem Ort zur Verfügung stehen und somit die Ergebnisse jederzeit rekapituliert werden können. Alternativ könnte eine stichpunktartige Sicherung innerhalb des Cloud-Systems oder mit Hilfe einer Aufgabe und der zugehörigen Abgabe erfolgen.

Reflexion mithilfe des SAMR-Modells

Im Sinne des SAMR-Modells nach Puentedura handelt es sich hierbei um eine Augmentation, also eine Erweiterung des Unterrichts. Videos in arbeitsteiligen Gruppenarbeiten wären ohne mobile Endgeräte wie Handys, Tablets oder Laptops im Unterricht nicht einsetzbar, sodass hier eine wesentliche funktionale Verbesserung vorliegt. Analog könnte das Material auch in Form von Texten dargestellt werden, sodass die Stufe der Modification, d.h. einer beachtlichen Neugestaltung des Unterrichts noch nicht erreicht ist.
Die Schul-Cloud als Assistenzsystem ermöglicht hierbei erst das Erweitern des Unterrichts in dieser arbeitsteiligen Art, denn sie ermöglicht sehr leicht, verschiedenen Gruppen von Schülerinnen und Schülern unterschiedliches Material zur Verfügung zu stellen. Der Arbeitsauftrag der Zusammenfassung der Ergebnisse könnte in der Schul-Cloud auch in Form von Aufgaben mit der Möglichkeit einer Gruppenabgabe realisiert werden.

Literatur:
Ministerium für Bildung, Wissenschaft und Weiterbildung Rheinland-Pfalz: Lehrplan Physik Sekundarstufe II. https://lehrplaene.bildung-rp.de/?category=38 (zuletzt aufgerufen am 05.03.2019).

2.6 „Menschheitsdämmerung" – Merkmale des Expressionismus wiederholen

(Deutsch, 12. Jg.)

Johannes Rose

Unterrichtsthema und Lehrplanbezug

„Menschheitsdämmerung" – Kontext und Merkmale des Expressionismus wiederholen (Unterrichtsreihe: Wiederholungsphase aller Inhalte zur Vorbereitung auf das Abitur, Ende zweites Halbjahr Q2):

Der Lehrplanbezug ergibt sich aus dem Zentralabiturthema 2018 NRW für Deutsch LK: „Lyrische Texte zu einem Themenbereich aus unterschiedlichen historischen Kontexten, insbesondere Expressionismus".

Beschreibung des Unterrichtsverlaufs

Einstieg: Zu Beginn der Unterrichtsstunde wird ein Kahoot-Quiz mit Fragen zu Franz Kafkas Roman „Der Prozeß" mit den Lernenden durchgespielt (vgl. Abb. 12). Danach folgt ein impulsgesteuertes Unterrichtsgespräch zum Schwierigkeitsgrad der Fragen – dabei stehen die falschen Antworten im Fokus.

Problematisierung: Inwiefern kann ein Quiz-Spiel eine inhaltlich tiefgreifende und komplexe Wiederholung von Unterrichtsinhalten gewährleisten? Was sind die Kriterien für „gute" falsche Antworten im Quiz?

Erarbeitung: In einer arbeitsteiligen Gruppenarbeit erstellen die Schülerinnen und Schüler ein eigenes Kahoot-Quiz zum Thema „Expressionismus" mit sinnvollen falschen Antworten. Als Arbeitsgrundlage dient ein Sachtext zum Thema „Expressionismus".

Sicherung/Reflexion: Abschießend werden die Ergebnisse aus den Gruppenarbeiten präsentiert und die Quizfragen werden durchgespielt. Eine Diskussion zur Bedeutung von richtigen und falschen Antworten im (Deutsch-)Unterricht im Allgemeinen und der didaktischen Reichweite einer Online-Plattform wie kahoot.com im Speziellen beendet die Deutschstunde.

Reflexion mithilfe des SAMR-Modells

Im SAMR-Modell ist die unterrichtliche Einbindung der Quiz-Plattform Kahoot! auf der Ebene der Augmentation (Erweiterung) anzusiedeln:

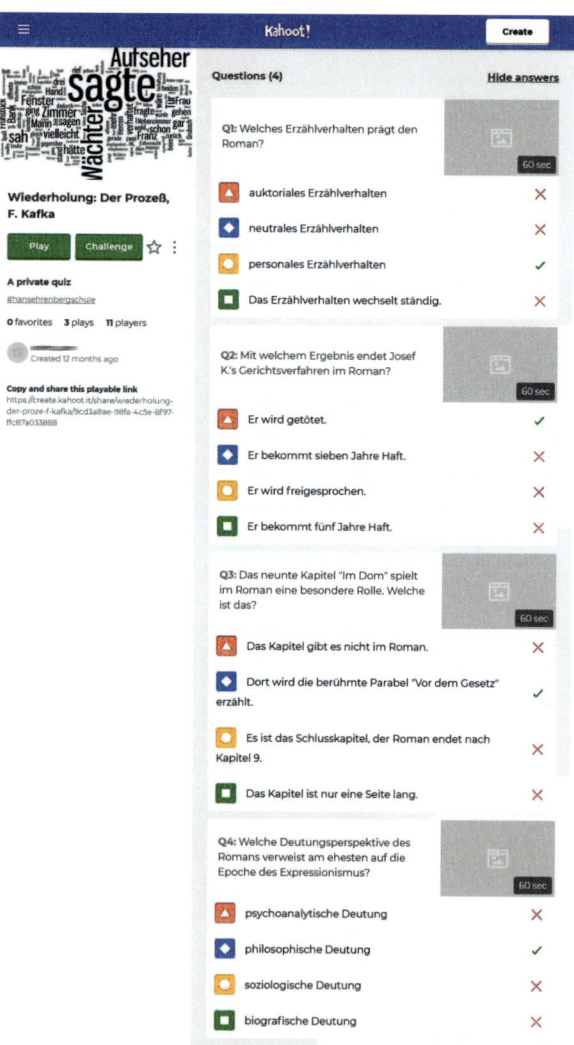

Abbildung 12: Kahoot!-Quiz zu „Der Prozeß" von Franz Kafka

Das Kahoot-Quiz erweitert die Möglichkeiten eines Quizspiels erheblich, da z. B. eine automatisierte Auswertung und Zeitsteuerung möglich ist. Aber auch die Ebene der Modification (Änderung) wird erreicht, indem eine ortsunabhängige Erstellung der Fragen und Antworten und ebenso die Durchführung des Quizspiels (parallele Teilnahme mehrerer Kurse, Aufbau eines schulweiten Quiz-Pools etc.) realisierbar sind.

Die Frage nach dem pädagogischen Mehrwert von digitaler Technik wird am konkreten Beispielfall Kahoot! - und damit die Diskussion um die gesellschaftliche Bedeutung der Digitalisierung insgesamt - für und mit den Lernenden thematisiert. Die Schülerinnen und Schüler erkennen, dass digitale Angebote jeder Art in Bezug auf Qualität und Nutzen hinterfragt werden müssen, ihr Empfinden für den „digitalen Mehrwert" kann so generell geschult werden. Die von den Lernenden in dieser Stunde erstellten Quizfragen zum Expressionismus können wiederum selbst Lerninhalt für andere Lerngruppen werden.

Literatur:
Brenner, G. & Brenner, K. (2009). Methoden für alle Fächer – Sekundarstufe I und II, Berlin.
Conrady, S. (2017). Von SchülerInnen geliebt: Kahoot! App für spielerisches Lernen, http://www.excitingedu.de/von-schuelerinnen-geliebt-kahoot-app-fuer-spielerisches-lernen/ (zuletzt abge-rufen: 03.03.2018).
Diekhans, J. & Fuchs, M. (2013), P.A.U.L. D. Oberstufe, Braunschweig.
Hundeshagen, T. (2013). AbiBox Deutsch: Lyrik der Romantik und des Expressionismus und der jüngsten Gegenwart (etwa ab 1990), Laatzen.
Hundeshagen, T. (2013). AbiBox Deutsch: Lyrik der Romantik und des Expressionismus und der jüngsten Gegenwart (etwa ab 1990). Unterrichtshinweise – Lösungen – Klausuren, Laatzen.
Knopf, J. & von Brand, T. (2017). Deutsch per Smartphone. Unterstützender Einsatz von mobilen Endgeräten im Deutschunterricht, in: Praxis Deutsch. Zeitschrift für den Deutschunterricht. Heft 265, S. 2-11.
Schläbitz, N. (2014). EinFach Deutsch Unterrichtsmodell. Franz Kafka - Der Prozess und ausgewählte Parabeln, Paderborn.
Spinner, K. H. (1999). Produktive Verfahren im Literaturunterricht, in: Ders. (Hg.). Neue Wege im Literaturunterricht. Hannover 1999, S. 33-41.

verwendete Online-Plattform:
Kahoot!: https://kahoot.com/

2.7 Politikverdrossenheit

(Sozialkunde, 11. Jg.)

Thomas Feyrer

Unterrichtsfach, -thema und Lehrplanbezug

„Die jungen deutschen Bundesbürger – politikverdrossen?"

Der Lehrplan für Berufsschulen des Freistaats Bayern sieht im Punkt 11.4 explizit vor, die Thematik Politikverdrossenheit im Unterricht zu behandeln. „Die Schülerinnen und Schüler werden sich ihrer eigenen Einstellungen über Politik, Parteien und Politiker bewusst und setzen sich kritisch damit auseinander. [...] Sie entdecken Mitwirkungsmöglichkeiten in Gesellschaft und Staat und entwickeln ein Bewusstsein für ihre Rolle als Bürger (Bayerisches Staatsministerium für Unterricht und Kultus, 2011, 16 f.)
In der folgenden Unterrichtssequenz sollen die Schüler Pro- und Kontraargumente analysieren und diskutieren, ob in Deutschland eine kategorische Politikverdrossenheit unter jungen Bundesbürgern vorliegt. Dabei sollen sie erkennen, dass politisches Interesse nicht nur auf Parteimitgliedschaften und Wahlbeteiligung beschränkt werden kann, sondern dass es viele Fassetten der politischen Beteiligung (z. B. Demonstrationen, Petitionen, etc.) gibt. Als Handlungsprodukt dieser Unterrichtseinheit wird nach der Erarbeitungsphase eine Talkshow durchgeführt, in welcher die Meinungsbildung zur Thematik im Fokus steht.

Beschreibung des Unterrichtsverlaufs

Die Beschreibung der Unterrichtseinheit erfolgt anhand des Artikulationsschemas AVIVA nach Städeli, Grassi, Rhiner & Obrist (2010):

Ankommen und Einstimmen: Die Lernenden sehen zum Beginn der Unterrichtseinheit ein kurzes Video über eine typische Situation an einem bayerischen Stammtisch. In dieser werden internalisierte sowie polarisierende Meinungen von jungen Bundesbürgern über Politiker und Wahlen wiedergegeben.
Vorwissen aktivieren: Die Schülerinnen und Schüler stimmen anonym via Smartphone ab, ob sie glauben, dass in Deutschland Politikverdrossenheit vorliegt. Hierfür wird sich der Plattform www.onlineted.de der Technischen Universität München bedient. Dies ist ein webbasiertes Abstimmungssystem zur Durchführung von Live-Umfragen (vgl. Abb. 13). Anschließend werden Erfahrungen und Hintergründe mündlich gesammelt.

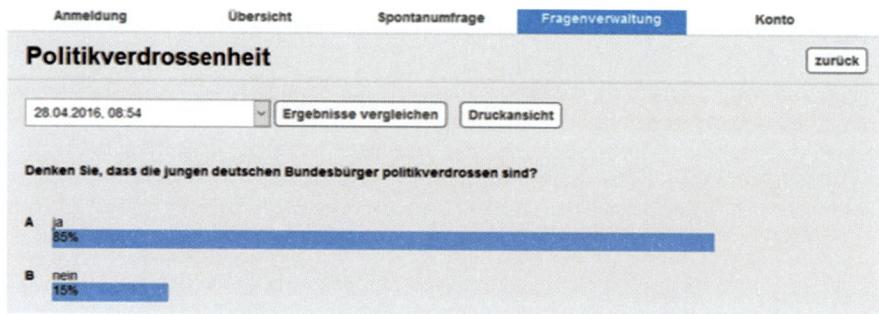

Abbildung 13: Abstimmung mit www.onlineted.de

Im Weiteren werden die Lernenden in insgesamt fünf Gruppen mit jeweils vier Lernenden eingeteilt.

Informieren: Im nächsten Schritt informieren sich die Lernendengruppen hinsichtlich der Thematik. Hierzu dient das Smartphone als Audioguide (Kopfhörer stehen zur Verfügung bzw. wurden mitgebracht). Die Schülerinnen und Schüler erhalten via Dropbox-Link eine von der Lehrkraft gesprochene Pro- bzw. Kontraargumentation der Thematik und können diese an vorbereiteten Stelltafeln (s. Abb. 14) visuell mitverfolgen. An den Stellwänden sind beispielsweise Experteninterviews von Forschern oder Politikern sowie Infografiken angebracht.

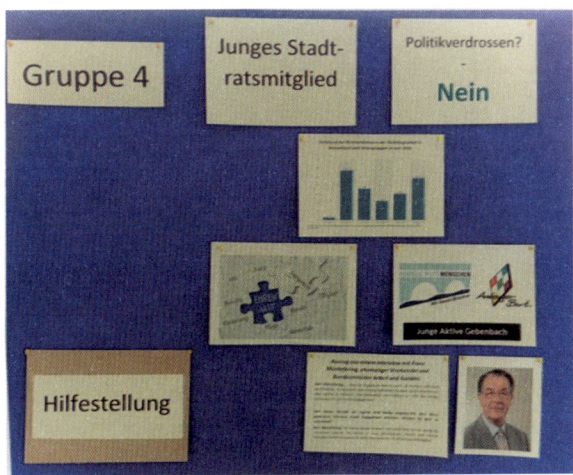

Abbildung 14: Beispiel einer Stelltafel

Weiterhin befinden sich zur Differenzierung Hilfestellungen in Kuverts, die mittels verlinkter QR-Codes zu zusätzlichen Informationen führen (z. B. selbsterstelltes Learning-Video mit www.mysimpleshow.de, s. Abb. 15)

Abbildung 15: Hilfestellung zur Differenzierung (erstellt mit www.mysimpleshow.de)

Verarbeiten: Im nächsten Schritt der Unterrichtseinheit diskutiert je ein Mitglied der jeweiligen Gruppe in Form einer Talkshow, ob die jungen deutschen Bundesbürger politikverdrossen sind oder nicht. Die übrigen Schülerinnen und Schüler fungieren als Talkshowzuschauer, die immer wieder als Experten mit den erarbeiteten Definitionen herangezogen werden.

Auswerten: Abschließend diskutieren die Lernenden nach Beendigung der Talkshow die Ergebnisse und Argumentationen der geführten Debatte. Im vorliegenden Fall war das Ergebnis ein Konsens, dass keine Politikverdrossenheit, sondern vielmehr Politikerverdrossenheit vorliegt. Am Ende wurde nochmals eine Umfrage via www.onlineted.de mit derselben Frage wie zu Beginn erstellt. Die Meinung der SuS hatte sich nachweislich verändert (10% antworteten mit „ja" und 90% mit „nein").

Reflexion mithilfe des SAMR-Modells

Die verwendeten Methoden der beschriebenen Unterrichtseinheit lassen sich im SAMR-Modell nach Puentedura in die Stufe der **„Augmentation" (Erweiterung)** eingliedern. Demnach ist es durch die eingesetzten Tools möglich, Aufgaben zu erweitern und vor allem den Lernprozess der Schüler individuell zu unterstützen.

Der Einsatz des **Abstimmungstools** von www.onlineted.de bietet verschiedene Vorteile. Zum einen sind alle Lernenden angehalten, ihre Meinung wiederzugeben. So kommen auch Schülerinnen und Schüler zum Zuge, die ansonsten eher passiv am Unterricht teilnehmen. Weiterhin können sensible Themen schnell und anonym abgefragt werden, so dass Effekte wie soziale Erwünschtheit oder Gruppenzwang eliminiert werden können. Weiterhin benötigen die Lernenden weder eine App noch müssen finanzielle Ressourcen aufge-wendet werden, da lediglich eine Internetverbindung am Smartphone (z. B. durch WLAN) sowie ein von der Lehrkraft generierter Freischaltcode für die Abstimmung notwendig sind.

Die Umfunktionierung des Smartphones in einen **Audioguide** hat in der beschriebenen Unterrichtseinheit den entscheidenden Vorteil: Die Auszubildenden können sich Sequenzen, die sie nicht verstanden haben oder als besonders wichtig erachten, beliebig oft anhören und nach eigenem Ermessen nach vorne oder nach hinten spulen. So können verschiedenen Gruppen zeitgleich verschiedene Argumente optimal nach deren Lernbedürfnissen an die Hand gegeben werden, so dass die Lernenden gegenüber den anderen Mit-schülern in ihrem Bereich einen Informationsvorsprung haben und am Ende eine echte Diskussion entsteht.

Die selbsterstellten **Lernvideos** von www.mysimpleshow.de bieten den Mehrwert, dass komplexe Sachver-halte individuell auf die Klasse bezogen, auf einfache sowie schnelle Art und Weise, in Form eines Videos erstellt werden können. Prinzipiell bieten sich hierfür viele Videos aus dem Internet an, allerdings sind diese oftmals zu ausführlich, inhaltlich nicht korrekt oder führen in eine nicht-zielführende Richtung. Eine weitere Version, die die Stufe der Modification erreichen kann, ist die Selbsterstellung von Lernvideos durch die Ler-nenden. Ein gegenseitiges Peer-Feedback oder der Einbezug eines externen Experten bietet Möglichkeiten für eine beachtliche Neugestaltung der Aufgaben.

Literatur:
Bayersches Staatsministerium für Unterricht und Kultus (2011). Lehrplan für die Berufsschule und Berufsfachschule, Unterrichtsfach Sozialkunde. München.
Sarikas, A.: „Politikverdrossenheit", unter: https://onlineted.de/ (abgerufen am 28.04.2016).
Städeli, C., Grassi, A., Rhiner, K. & Obrist, W. (2010). Kompetenzorientiert unterrichten. Das AVIVA - Modell. Bern: hep.

3. Das ICAP-Modell im Projekt „Zeitgemäßer Unterricht digital"

Ein Kooperationsprojekt der MIB-Tutoren[6] für Realschulen in Oberbayern-Ost[7] und der LMU München[8]

Ulrike Franke, Sascha Rogowsky,
Frederik Wittmann & Frank Fischer

Mit dem Beitrag des interdisziplinären Kooperationsprojekts „Zeitgemäßer Unterricht digital" der MIB-Tutoren der Realschulen Oberbayern-Ost und dem Lehrstuhl für Empirische Pädagogik und Pädagogische Psychologie (Prof. Dr. Frank Fischer) der Ludwig-Maximilians-Universität München wird eine Sammlung erfolgreich erprobter, mediengestützter Unterrichtsstunden geboten, die nicht nur eine breite Abdeckung von unterschiedlichen Fächern bedient und in vielfältiger Weise Bezug nimmt auf die von der KMK (2016) geforderte Förderung von Medienkompetenzen von Schülerinnen und Schülern, sondern die auch eine abwechslungsreiche Übersicht über Möglichkeiten zum gezielten Einsatz digitaler Medien in den Fächern aufzeigt.

Im Fokus des Kooperationsprojekts stand zunächst allerdings nicht die reine Erprobung unterschiedlicher digitaler Medien im Unterricht, sondern vielmehr die mediendidaktische Konzeption des Einsatzes digitaler Medien zur Unterstützung von Lernprozessen bei Schülerinnen und Schülern. Denn digitale Medien haben im Unterrichtsgeschehen nicht generell eine positive (oder negative) Wirkung (Stegmann, Wecker, Mandl & Fischer, 2018) und die in Bayern nun mehr voranschreitende Ausstattung der Schulen mit Technologien und Netzwerken führt nicht automatisch zu einem besseren Unterricht bzw. zu einem besseren Lernergebnis bei den Schülerinnen und Schülern (Sailer, Murböck & Fischer 2017). Es können bisweilen zwar insgesamt positive, aber eher kleine Effekte auf den Lernerfolg beim Lernen mit digitalen Medien festgestellt werden (Tamim, Bernhard, Borokhovski, Abrami & Schmid, 2011). Zudem besteht Anlass zur Annahme, dass aktive und interaktive Lernaktivitäten den Erwerb von fachlichem Wissen und (Problemlöse-)Kompetenzen bei den Schülerinnen und Schülern eher fördern, als es dies in rein rezeptiv ausgerichteten Lernumgebungen der Fall ist (u. a. Chi, 2009; Chi & Wylie, 2014; Kollar & Fischer, 2019; Vogel, Wecker, Kollar & Fischer, 2017). Ein wichtiger Anhaltspunkt scheint daher die mediendidaktische Konzeption des Lernsettings bzw. der mediengestützten Lernaktivitäten als solche zu sein. Als empirisch umfangreich belegt und demnach als ein sehr vielversprechendes Modell zur Planung und Entwicklung von Lernaktivitäten in mediengestützten Lernsettings hat sich das „ICAP-Modell" erwiesen (Chi, 2009; Chi & Wylie, 2014). Beobachtbare schülerseitige Lernaktivitäten werden in diesem Modell auf vier Qualitätsstufen formuliert: passive, aktive, konstruktive und interaktive Lernaktivitäten. Passive Lernaktivitäten sind solche, die das Rezipieren, Zuhören oder Zusehen von (digital) präsentierten Inhalten umfassen. Werden zusätzlich einfache Lerntätigkeiten sichtbar, die jedoch nicht über den aktuellen Informationsstand der Schülerinnen und Schüler hinausgehen, so spricht man von aktiven Lernaktivitäten. Eine solche Aktivität wäre beispielsweise das Anfertigen von Notizen während der Informationspräsentation. Auf der dritten Qualitätsstufe der konstruktiven Lernaktivitäten sind Schülerinnen und Schüler über den im Lernmaterial vorgegebenen Informationsstand hinaus selbstständig tätig, dahin gehend, dass sie neue und eigene Überlegungen anstellen. Werden diese neuen Überlegungen oder Standpunkte schließlich in einem Peer-Diskurs eingebracht und werden gleichermaßen Argumente, Vorstellungen oder Sichtweisen der anderen in die eigenen Überlegungen einbezogen, so werden interaktive Lernaktivitäten sichtbar (Chi, 2009; Chi & Wylie, 2014; Kollar & Fischer, 2019). Die vom Kooperationsprojekt „Zeitgemäßer Unterricht digital" erprobten und empfohlenen Unterrichtsstunden werden in ihrer Konzeption durch die dem „ICAP-Modell" entsprechenden vier Qualitätsstufen für Lernaktivitäten, grundlegend bestimmt. Jedes Unterrichtskonzept ist dabei nicht nur in die fünf Unterrichtphasen „Aktivieren", „Informieren", „Ordnen", „Verarbeiten" und „Präsentieren/Reflektieren" (in Anlehnung an Rogowsky, 2018; Leisen, 2014; Leuders & Prediger, 2012; Städeli, Grassi, Rhiner & Obrist, 2010) untergliedert. Es werden zudem für jede dieser Unterrichtsphasen die initiierten Aktivierungs-Level bei den Schülerinnen und Schüler durch die Kennzeichnung der jeweils vorkommenden passiven („[p]"), aktiven („[a]"), konstruktiven („[k]") oder interaktiven („[i]") Lernaktivitäten angegeben (vgl. Abb. 16). Erst in einem zweiten Schritt werden dann digitale Medien

---

[6] Medienpädagogisch-informationstechnische Beratungslehrkräfte für Realschulen in Bayern
[7] Ministerialbeauftragter Ltd. RSD Wilhelm Kürzeder
[8] Prof. Dr. Frank Fischer, Lehrstuhl für Pädagogische Psychologie und Empirische Pädagogik an der LMU München

bzw. Methoden benannt, die die zuvor beschriebenen Lernaktivitäten unterstützen können. Die Unterrichts-konzepte zeichnen sich überdies hinaus dadurch aus, dass konkrete, lehrerseitige Handlungsweisen in Bezug auf die zu arrangierenden Lernaktivitäten beschrieben werden. Dies liegt u.a. auch darin begründet, dass Lehrerinnen und Lehrer neben medienbezogenen und didaktischem Wissensgrundlagen auch über medien-bezogene „Lehrkompetenzen" verfügen sollten (Schultz-Pernice et al., 2017, S. 5), die sie insbesondere in den Phasen der Planung und Durchführung von mediengestütztem Unterricht befähigen, Lernaktivitäten auf unterschiedlichen Qualitätsstufen, unterstützt durch ausgewählte digitale Medien, anzuregen. Die empfoh-lenen Unterrichtsstunden enthalten demnach auch eine kurze Beschreibung von bestimmten lehrerseitigen Handlungen, die sichtbar werden, wenn passive, aktive, konstruktive oder interaktive Lernaktivitäten bei Schülerinnen und Schülern herbeigeführt werden sollen. So kann dies beispielsweise bedeuten, dass bei passiven Lernaktivitäten der Schülerinnen und Schüler die Lehrerin oder der Lehrer einen Lerninhalt „medial aufbereitet", „demonstriert" oder „modelliert" (z. B. PowerPoint Präsentation, Vergrößern eines analogen Gegenstands mit der Dokumentenkamera), bei aktiven Lernaktivitäten „Leitfragen formuliert" und Schüler-antworten „sammelt" (z. B. an einem Smartboard) und bei konstruktiven und interaktiven Lernaktivitäten „beobachtet und diagnostiziert" und den Lernprozess „moderiert" oder „begleitet".

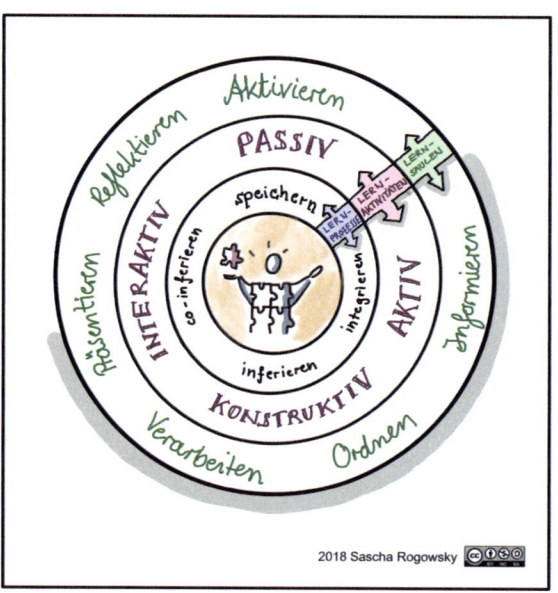

Abbildung 16: Das "ICAP-Modell" im Kooperationsprojekt
"Zeitgemäßer Unterricht digital" (Rogowsky, 2018)

Schließlich sind die Unterrichtsstunden in Anlehnung an den Orientierungsplan „KLARA" verfasst (Rogowsky, 2016) und umfassen Informationen zur Jahrgangsstufe, zum Lehrplanbezug, zum Kompetenzerwerb von Schülerinnen und Schülern, zum Zeitbedarf, zu den benötigten Materialen sowie eine professionelle Ein-schätzung der jeweiligen Lehrerin oder des jeweiligen Lehrers zur Umsetzung der Stunde bzw. zu inhaltli-chen oder konzeptionellen Ergänzungen.
Mit dem Pilot-Programm des interdisziplinären Kooperationsprojekts „Zeitgemäßer Unterricht digital" ist es hiermit gelungen besonders die Tiefenstrukturen (siehe u.a. Kunter & Trautwein, 2013; Stürmer & Lachner, 2017) von Unterricht zu fokussieren, um Lernaktivitäten von Schülerinnen und Schülern aktiver, konstruk-tiver und interaktiver zu gestalten. Es zeigt mithilfe von illustrierenden Aufgabenbeispielen praxisnah und erprobt, wie eine digitale Transformation im Unterricht gelingen kann.

Literatur:
Chi, M. T. H. (2009). Active-Constructive-Interactive: A conceptual framework for differentiating learning activities, Topics in Cognitive Science, 1(1), 73-105.
Chi, M. T. H. & Wylie, R. (2014). The ICAP framework: Linking cognitive engagement to active learning outcomes. Educational Psycholo-gist, 49, 219–243.
Forschungsgruppe Lehrerbildung Digitaler Campus Bayern: Schultz-Pernice, F., von Kotzebue, L., Franke, U., Ascherl, C., Hirner, C., Neu-

haus, B.J., Ballis, A., Hauck-Thum, U., Aufleger, M., Romeike, R., Frederking, V., Krommer, A., Haider, M., Schworm, S., Kuhbandner, C., & Fischer, F. (2017). Kernkompetenzen von Lehrkräften für das Unterrichten in einer digitalisierten Welt. merz – medien + erziehung, Zeitschrift für Medienpädagogik, 61(4), 65-74.

KMK - Kultusministerkonferenz (2016). Bildung in der digitalen Welt. Strategie der Kultusministerkonferenz. https://www.kmk.org/fileadmin/Dateien/pdf/PresseUndAktuelles/2016/Bildung_digitale_Welt_Webversion.pdf, letzter Aufruf 16.1.2019.

Kollar, I. & Fischer, F. (2019). Lehren und Unterrichten. In D. Urhahne, M. Dresel, F. Fischer (Hrsg.), Psychologie für den Lehrberuf. Wiesbaden: Springer VS Verlag.

Kunter, M. & Trautwein, U. (2013). Psychologie des Unterrichts. Stuttgart: UTB.

Leisen, J. (2014). Wie soll ich meinen Unterricht planen? – Lehr-Lern-Prozesse planen am Beispiel Elektrizitätslehre in Physik. In: Maier, U. (Hrsg.), Lehr-Lernprozesse in der Schule: Referendariat-Praxiswissen für den Vorbereitungsdienst (S. 102-117). Stuttgart: Klinkhardt.

Leuders, T. & Prediger, S. (2012). Differenziert Differenzieren" – Mit Heterogenität in verschiedenen Phasen des Mathematikunterrichts umgehen. In: Ittel, A. & Lazarides, R. (Hrsg.), Differenzierung im mathematisch-naturwissenschaftlichen Unterricht - Implikationen für Theorie und Praxis. (S. 35-66). Bad Heilbrunn: Klinkhardt.

Rogowsky, S. (2016/2017). So leicht geht Projektunterricht in den Klassen 5/6. Berlin: Cornelsen Scriptor.

Sailer, M., Murböck, J. & Fischer, F. (2017). Digitale Bildung an bayerischen Schulen – Infrastruktur, Konzepte, Lehrerbildung und Unterricht. vbw-Studie: https://www.vbw-bayern.de/Redaktion/Frei-zugaengliche-Medien/Abteilungen-GS/Bildung/2017/Downloads/Bi-0146-001_vbw_Studie_Digitale-Bildung-an-bayerischen-Schulen.pdf, letzter Aufruf 16.1.2019.

Städeli, C., Grassi, A., Rhiner, K. & Obrist, W. (2010). Kompetenzorientiert unterrichten. Das AVIVA - Modell. Bern: hep.

Stegmann, K., Wecker, C., Mandl, H. & Fischer, F. (2018). Lehren und Lernen mit digitalen Medien. In R. Tippelt & B. Schmidt-Hertha (Hrsg.), Handbuch Bildungsforschung (S. 967-988). Wiesbaden: Springer VS Verlag.

Stürmer, K. & Lachner, A. (2017). Unterrichten mit digitalen Medien. In K. Scheiter & T. Riecke-Baulecke (Hrsg.), Lehren und Lernen mit digitalen Medien, 164 (S. 82-95). München: Oldenbourg.

Tamim, R. M., Bernhard, R. M., Borokhovski, E., Abrami, P. C. & Schmid, R.F. (2011). What forty years of research says about the impact of technology on learning: a second-order meta-analysis and validation study. Review of Educational Research, 8(1), 4-28.

Vogel, F., Wecker, C., Kollar, I. & Fischer, F. (2017). Socio-Cognitive Scaffolding with Computer-Supported Collaboration Scripts: a Meta-Analysis. Educational Psychology Review, 29, 477-511.

4. Unterrichtsbeispiele aus dem Projekt „Zeitgemäßer Unterricht digital"

Die nachfolgenden Unterrichtsbeispiele aus dem Bereich der Realschule wurden im Rahmen des in Kapitel 3 beschriebenen Kooperationsprojekts „Zeitgemäßer Unterricht digital" mit ausgewählten Lehrpersonen entwickelt. Die Abläufe der Unterrichtsstunden für die Jahrgangsstufen sechs bis zehn werden zunächst tabellarisch vorgestellt[9]. Als Grundlage für diese einheitliche Tabelle wurde der Orientierungsplan ©KLARA aus der Reihe "So leicht geht Projektunterricht" adaptiert (neu überarbeitet durch Rogowsky, S., 2018).[10]
Darin erfolgt eine Zuordnung zu den Lernaktivitäten des ICAP-Modells: passiv [p], aktiv [a], konstruktiv [k] oder interaktiv [i]. Anschließend werden die Unterrichtsbeispiele mit dazugehörigen Unterrichtsmaterialien veranschaulicht.

4.1 Auf dem Weg zur Datenbank – Die Phasen der Datenbankentwicklung

Informationstechnologie, 9. Jg.

Fabian Pirner

Unterrichtsthema und Lehrplanbezug

Jahrgangsstufe:	9I	Stundenthema/ Titel:
LehrplanPLUS (Lernbereich):	2.3.2	Auf dem Weg zur Datenbank – Die Phasen der Datenbankentwicklung
Kompetenzerwartung		Die Schülerinnen und Schüler modellieren ein Szenario mithilfe mehrerer Tabellen, um Daten und ihre Beziehungen darzustellen und verwenden Abbildungsregeln, um das erstellte Modell in einem relationalen Datenbanksystem umzusetzen.
Inhalte zu den Kompetenzen		Datenmodellierung (Entitäten und Kardinalitäten) Abbildungsregeln zur Umsetzung eines relationalen Datenmodells in mehrere Tabellen (z. B. mithilfe von Beziehungstabellen und Fremdschlüsseln)
Vorbereitung		Material: (digitale) Arbeitsblätter, Checkliste, Videotutorial, padlet
Zeitbedarf		Ca. 90 min
Aktivierungs-Level		☒ passiv ☒ aktiv ☒ konstruktiv ☒ interaktiv → [p] [a] [k] [i]

---

[9] Verwendete Abkürzungen:
EA (Einzelarbeit), PA (Partnerarbeit), GA (Gruppenarbeit), PL (Plenum), S bzw. SuS (Schülerinnen und Schüler), L (Lehrkraft)

[10] Rogowsky, S. (2016, 2017). So leicht geht Projektunterricht. Jahrgangsstufe 5-10. (3 Bd.). Berlin: Cornelsen

Beschreibung des Unterrichtsverlaufs

Bei dieser Lernsäule findet es statt:	Das machen die Schülerinnen und Schüler ...	(digitale) Methode(n)	Das mache ich ...
Aktivieren	Die Schüler geben die in den Vorstunden kennengelernten Phasen der Datenbankentwicklung wieder [a] und lernen die heutige Aufgabe kennen.[p]	Advance Organizer Vorwissen aktivieren Leitfrage	L zeigt Advance Organizer und sammelt Schülerantworten. L stellt Leitfrage
Informieren	Die Schüler untersuchen die Checkliste und entscheiden [a] selbstständig, welche Aufgaben sie erledigen wollen. Ihre Entscheidung wird kurz schriftlich begründet.	Stationenarbeit (Padlet) schriftl. Begründung	L teilt Checkliste aus und gibt bei Bedarf Erläuterungen zu den einzelnen Aufgaben ab. L ist in dieser Phase nur Begleiter.
Ordnen	Die Schüler ordnen die vorhandenen Arbeitsmaterialien, sammeln diese in einem Ordner und planen [a] die Bearbeitung der Aufgaben.	Lokales Dateisystem Portfolio-Methode	L stellt Aufgaben und differenzierte Hilfestellungen (digital) bereit. Darüber hinaus bietet er Hilfestellungen an und lenkt bei Bedarf.
Verarbeiten Lernprodukt(e) erstellen	Die Schüler nutzen ihr vorhandenes Wissen, um die Aufgaben zu lösen und vertiefen ihr Wissen. In den verschiedenen Aufgabentypen bestimmen die Schüler geeignete Objekte und Attribute einer Datenbank, modellieren ER-Diagramme [k], überführen diese in Relationenmodelle. Die Schüler vergleichen die Ergebnisse mit einem Partner und verbessern [i] ihre Ergebnisse.	Lernprodukt: Datenbankmodell (DIA, Padlet, Tabellenkalkulationssystem) Modellierung Partnerduett (Mindmap)	L begleitet diese Phase und unterstützt bei Problemen.
Präsentieren & Reflektieren	Die Schüler posten ihre (verbesserten) Ergebnisse auf einer Pinnwand. Über die Kommentarfunktion hat jeder die Möglichkeit ein direktes Feedback abzugeben [i]. Abschließend erstellen die Schüler aus den vorhandenen Lösungen eine	(digitaler) Gallery Walk, Padlet, Popplet	L moderiert diese Phase und gibt direktes Feedback zu den Schülerlösungen.

	Mind Map und Dokumentieren [k] dadurch die ersten drei Phasen der Datenbankentwicklung.	Mindmap Dokumentation	
Nächster Schritt: Physische Phase			

Meine Einschätzung	Das war schwierig für mich: Schüler-Lösungen sind nach dem Posten für alle sichtbar – reines Abschreiben wäre theoretisch möglich.	
	Das könnte ich verbessern: Ergebnisse erst nach Abschluss der Arbeitsphase veröffentlichen.	

Materialien/ Webseite

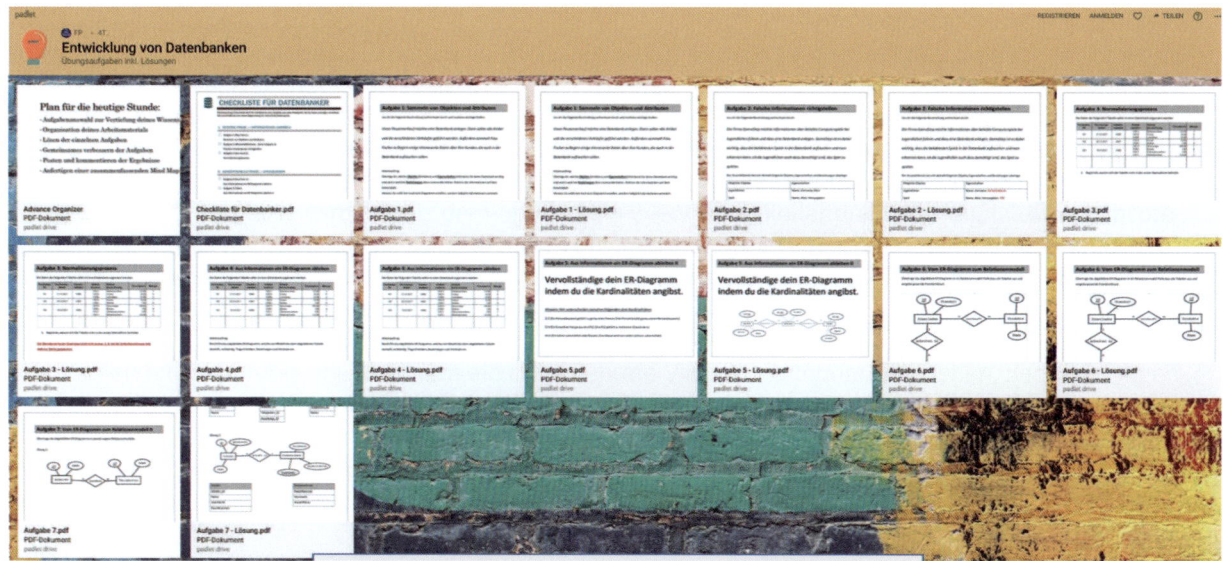

https://padlet.com/F_P/bcbwm462wOp6

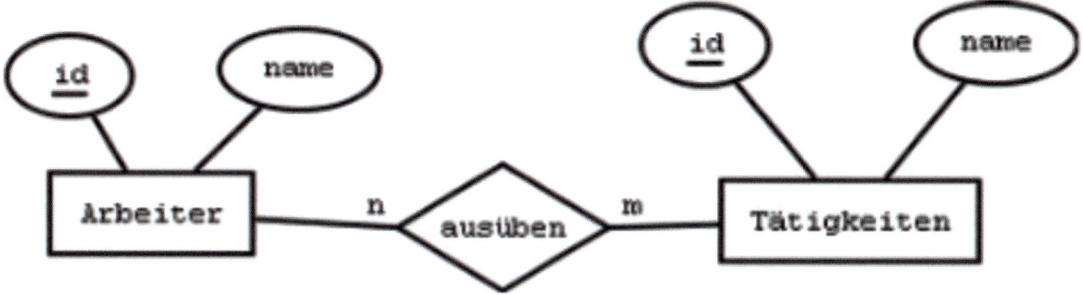

4.2 Romantik – ein angeleitetes Mini-Projekt

Deutsch, 9. Jg.

Sascha Rogowsky

Unterrichtsthema und Lehrplanbezug

Jahrgangsstufe:	D9	Stundenthema/ Titel:	Stand: 17.01.2019
LehrplanPLUS (Lernbereich):	2.2	Romantik – ein angeleitetes Mini-Projekt (schriftliches Darstellen)	
Kompetenzerwartung		Die Schülerinnen und Schüler ... erschließen Sinn und Struktur literarischer Texte, erfassen wesentliche Elemente dieser Texte (z. B. Fachbegriffe, Figuren, typische Motive) und ordnen verschiedenartige Formen von Gesellschaftskritik ein (vgl. LP-PLUS) → dokumentieren ihre Leseerfahrungen	
Inhalte zu den Kompetenzen		Dokumentieren ihre Leseerfahrungen in Form eines Leseportfolios (hier: digital mithilfe der Anwendungssoftware Padlet)	
Vorbereitung		Material: Padlet - Account, Tablets, div. Materialien	
Zeitbedarf		Je nach Bedarf, ca. 6 Wochenstunden	
Aktivierungs-Level		☒ passiv ☒ aktiv ☒ konstruktiv ☒ interaktiv → [p] [a] [k] [i]	

Beschreibung des Unterrichtsverlaufs

Bei dieser Lernsäule findet es statt:	Das machen die Schülerinnen und Schüler ...	(digitale) Methode(n)	Das mache ich ...
Aktivieren	S kommen im Lernkontext zur Romantik mithilfe einer Übersicht an [p] und sammeln [a] mithilfe eines Videos sowie eines Quiz erste Ideen zur Epoche (EA)	Advance Organizer (Padlet) Video (mebis) mithilfe von Notizen Leitfrage mithilfe eines didakt. Quiz (learningapps)	L aktiviert: dazu zeigt und erläutert er in einer Padlet-Vorschau und einem Video zur Romantik Wesentliches der Lernumgebung und stellt Leitfrage: „Was ist typisch für die Literaturepoche Romantik?"
Informieren	S entwickeln Vorstellungen [p] über Lernaufgabe/ Struktur des Padlets sowie über das Projektziel; S bilden Gruppen (Aufgaben/ Rollen) und loggen sich ein (GA) S informieren sich vertieft [a] zu ihren Lernaufgaben (Aufgabenbereiche). Sie erschließen [k] Sinn und Struktur wesentlicher romantischer Elemente: Definition, Epochenhinter-grund, Autoren, typisch romantische Merkmale auch anhand ausgewählter Texte	L-Info/ Lernaufgabe (Padlet) Lese-Portfolio (Padlet) – noch unbearbeitet → QR-Code Projektunterricht : Ich-Du-Wir Methode STAX Optional: Brainwriting/ SMART GSP/PSP (digitale) Recherche/ Internet	L stellt Lernaufgabe mithilfe eines Padlet-Posts und informiert über Struktur und Ablauf der digitalen Lernumgebung im Projekt; L bietet zudem Zusatzmaterial (Schulbuch, Gedichte) zur Romantik an L leitet anfangs Projektarbeit an, aktiviert zur Recherche über Romantik, berät dann zunehmend individuell zur gezielten Informationssuche im Internet, z. B. zu Google-Suchergebnissen

	S fertigen dazu Notizen an. Sie kommunizieren [i] darüber innerhalb der GA (EA, GA)	Notizen anfertigen	L gibt konstruktive Unterstützung zu Inhalten der Notizen/ Posts; leitet zum konstruktiven Feedback an
Ordnen	S verstehen, ordnen und sichern (ko-) konstruktiv ihre (verbesserten) Erkenntnisse [k] zu den jeweiligen Aufgabenbereichen (GA) S planen Lernprodukt (EA,GA)	Hefteintrag (evtl. digital) Mindmap (anhand vorgegebener, erweiterbarer Padlet-Struktur) STAX/ Meilensteine Bushaltestelle	L ergänzt, kommentiert und sichert basales Grundwissen zur Romantik Zeit für Sprechstunden L handelt bei Bedarf präventiv gegen Konflikte
Verarbeiten	S erstellen als digitales Lernprodukt [k] ein digitales Leseportfolio mithilfe von Padlet zur Romantik (GA) Stamm/Experten interagieren regelmäßig und ergänzen sich gegenseitig/ die Feedbacks integrieren [i] S in ihr jeweiliges Lernprodukt (GA)	Lernprodukt: digitales Leseportfolio (Padlet) Vertieftes Informieren STAX/ Meilensteine Bushaltestelle Optional: Übung (learningapps)	L unterstützt individuell bei den Padlet-Posts, begleitet und organisiert die Gruppenarbeit L moderiert bei Bedarf Projekt-Meetings (Meilensteine), z. B. Abgleich unterschiedlicher Padlet-Posts
Präsentieren & Reflektieren	S präsentieren ihre Padlets. Mitschüler hören zu, überprüfen und schätzen die Ergebnisse interaktiv ein [i] (GA) und beziehen so Sichtweisen anderer mit ein S schätzen kollaborativ Projekt zur Romantik ein [i] (EA, PL)	Projektpräsentation (evtl. mithilfe einer Checkliste) Kommentar und Likes (Funktion in Padlet) Feedback-Zielscheibe (oncoo)	L moderiert Präsentation und paraphrasiert wesentliche romantische Aspekte der Posts in den einzelnen Padlet-Spalten je Gruppenpräsentation L fordert zur Einschätzung auf

Nächster Schritt: Ganzschrift (Aus dem Leben eines Taugenichts. Eichendorff)

Meine Stunde/ Einschätzung	Das war schwierig für mich: Organisation der Padlets nach Umstellung auf EDU-Pro-Version; WLAN fehlte permanent, S-Kommentare oft zu wenig exakt
	Das könnte ich verbessern: eine zusätzliche klassische UR-Stunde zu romantischer Lyrik trotz Projektunterricht; vertiefte Anleitung zu Kommentar-Posts

Aktivierung/ Lernaufgaben	Video (mebis), learningapps, Advance Organizer (Padlet)
Klassenführung	Padlet (Lernaufgabe/ Vorstrukturierung/ STAX)
Konstr. Unterstützung	Feedbackzielscheibe, individ. Beratung, Padlet-Kommentare

Materialien/ Webseite

Screenshot des Padlets/Direktion (Lehrkraft)

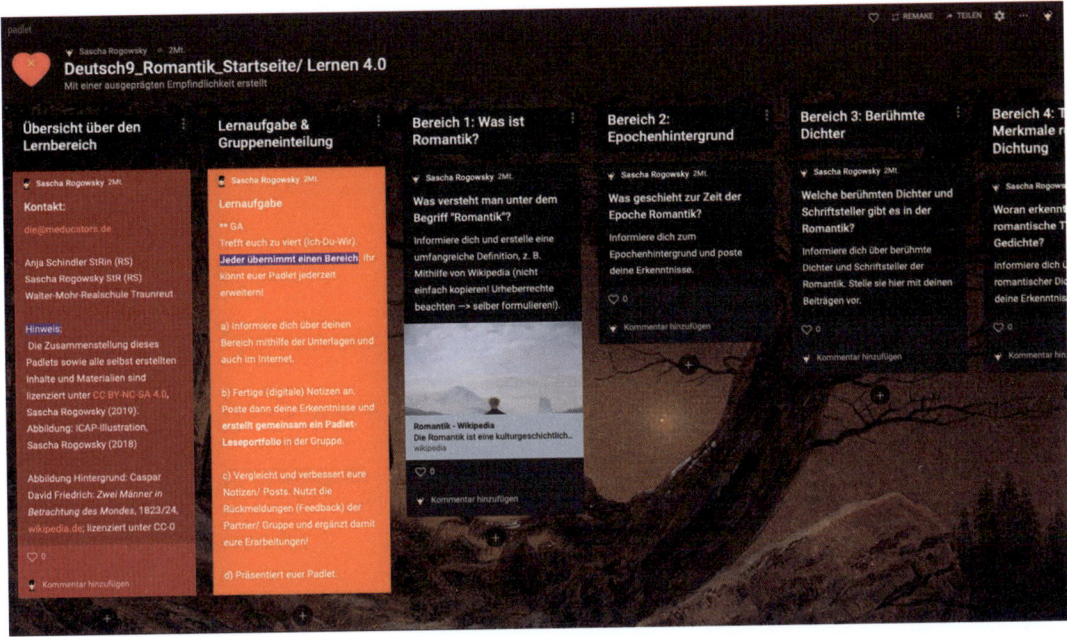

Anlage 1: Start-Padlet der Lehrkraft. Mithilfe der beiden linken Spalten steuert und strukturiert die L die Lernumgebung. Den Gruppen stehen zusätzliche (kopierte und angepasste) Padlets zur Verfügung. Diese können jeweils über Links in der Rubrik „Lernaufgabe & Gruppeneinteilung" (Spalte 2) bzw. mit QR-Codes aufgerufen werden.

Das aktualisierte Start-Padlet können Sie über den im Literaturverzeichnis angegebenen Link zur Ansicht aufrufen.

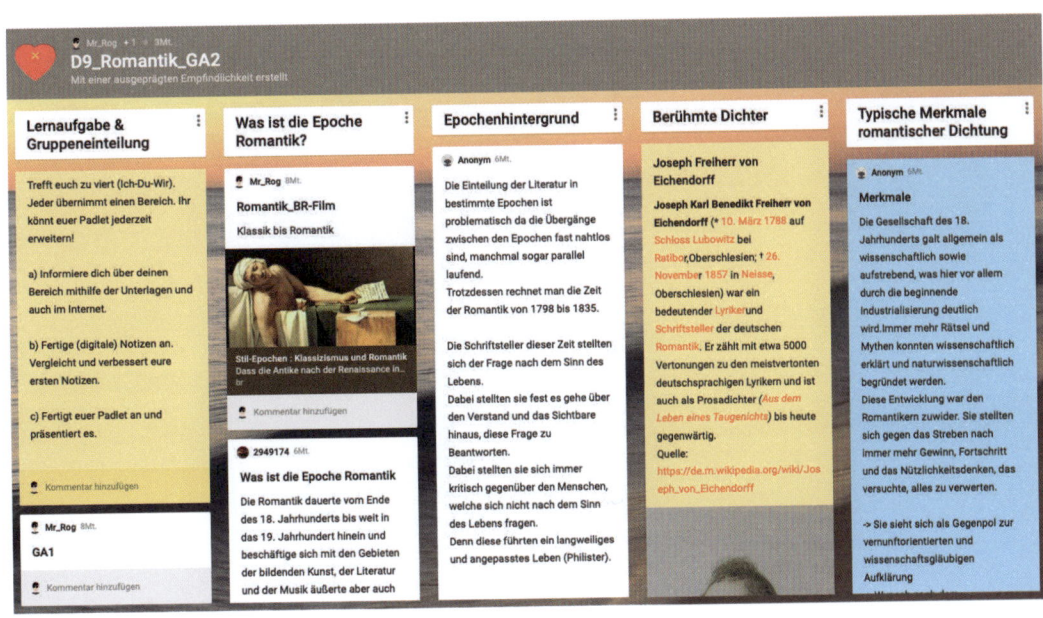

Anlage 2: Beispiel einer Schülergruppe

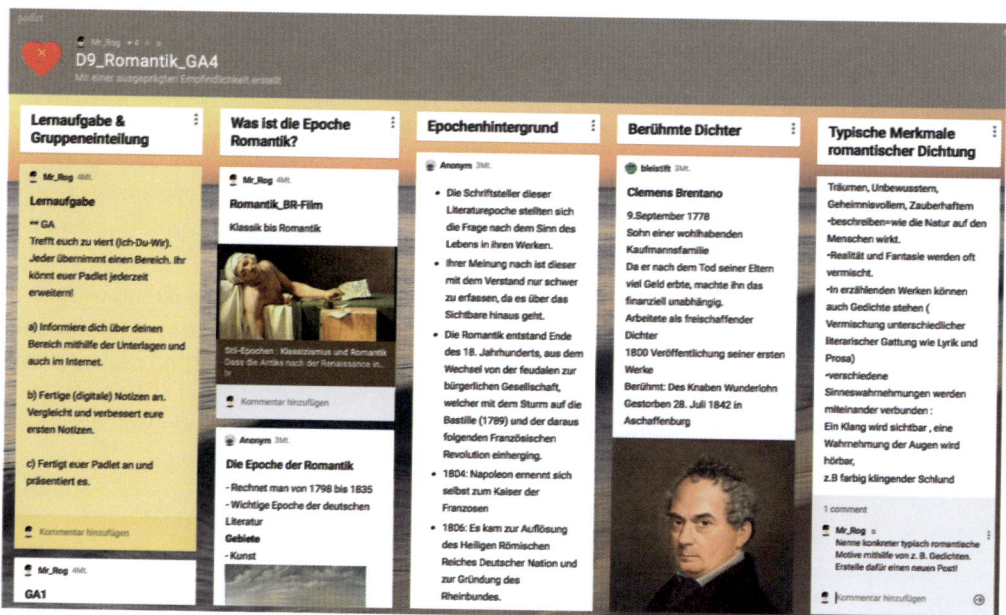

Anlage 3: Beispiel einer Schülergruppe

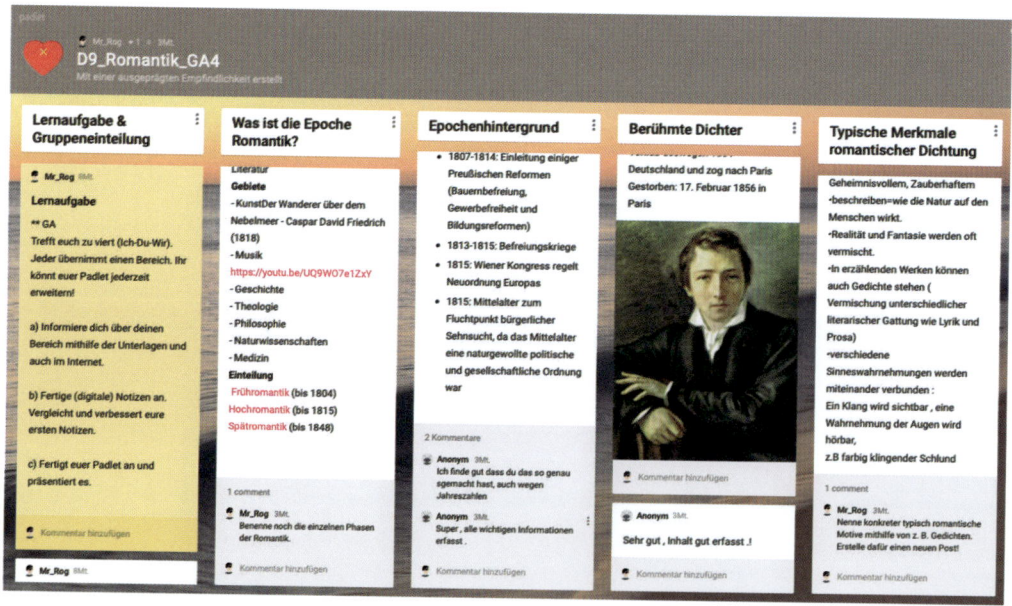

Anlage 4: Beispiel einer Schülergruppe mit Feedback-Kommentaren
(Lehrkraft/ Schülerinnen und Schüler

Anmerkungen zur Lernumgebung

Variation der Lernumgebung: Stationenarbeit
Diese Stunde kann auch mithilfe der Methode Stationenarbeit und mithilfe eines Laufzettels gesteuert und strukturiert werden. Dann werden z. B. vier Station (Definition, Epochenhintergrund, Autoren, typische Merkmale romantischer Dichtung) vorbereitet, an denen die Lehrkraft Informationsmaterial (z. B. Handouts, Bücher, AB, QR-Code) zur Verfügung stellt. Jeder Schüler arbeitet dann zunächst für sich allein an allen Teilbereichen des Padlets. Bei dieser Vorgehensweise ist es empfehlenswert, dass die Schülerinnen und Schüler zunächst nur (digitale) Notizen anfertigen. Bei der Lernsäule Ordnen treffen und vergleichen sie ihre Ergebnisse innerhalb der Gruppe. Bei der Lernsäule Verarbeiten können sie dann gemeinsam das jeweilige Gruppen-Padlet generieren. Auch bei dieser Variante ist die Methode STAX (Gruppen-Puzzle) möglich.

Internet-Quellen:
- Romantik-Padlet: https://padlet.com/saeshman/D9_Romantik
- BR-Film zur Romantik (in mebis nicht mehr abrufbar). Dauer: 14:52 min. Verfügbar unter: https://www.br.de/mediathek/video/stil-epochen-klassizismus-und-romantik-av:5a3c7671ef719c0018897205 [abgerufen am 23.07.2018]
- Didaktisches Quiz. App: learningapps. Verfügbar unter: https://learningapps.org/display?v=pvgm2fc1a18 [abgerufen am 23.07.2018]
- Integrierte Pinnwand zur Romantik. App: learningapps. Verfügbar unter: https://learningapps.org/display?v=pd7r8u8t516 [abgerufen am 23.07.2018]
- Übung zur Romantik. App: learningapps. Verfügbar unter: https://learningapps.org/1201685 [abgerufen am 23.07.2018]
- Feedback-Zielscheibe. App: oncoo. Verfügbar unter: https://oncoo.de/oncoo.php [abgerufen am 23.07.2018]

Literatur:
- Staatsinstitut für Schulqualität und Bildungsforschung. (2018). LehrplanPLUS. Deutsch 9. Lernbereich 2.2. Verfügbar unter: https://www.lehrplanplus.bayern.de/fachlehrplan/realschule/9/deutsch [abgerufen am 23.07.2018]
- Rogowsky, S. (2016, 2017). So leicht geht Projektunterricht. Jahrgangsstufe 5-10. (3 Bd.). Berlin: Cornelsen
- Padlet-Texte zur Lernumgebung und zu den Lernaufgaben: Sascha Rogowsky
- Padlet-Inhalte: Schülertexte bzw. Verlinkungen zu externen Seiten

Verwendete Abkürzungen:

EA = Einzelarbeit
PA = Partnerarbeit
GA = Gruppenarbeit
PL = Plenum
S = Schülerinnen und Schüler
L = Lehrkraft

4.3 Stonehenge

Englisch, 7. Jg.

Anja Schindler

Unterrichtsthema und Lehrplanbezug

Jahrgangsstufe:	7	Stundenthema/ Titel:	Stand 6.10.2018
LehrplanPLUS (Lernbereich):	LP7/2.1	Stonehenge	
Kompetenzerwartung		Die Schülerinnen und Schüler … erweitern ihr landeskundliches Wissen über Stonehenge und vertiefen ihre kommunikativen Kompetenzen (durch ein Selbstständiges und kooperatives Sprachenlernen)	
Inhalte zu den Kompetenzen		Vorwissen aktivieren, Text erschließen und durch verschiedene Methoden vertiefen durch prägende historische Ereignisse besseres Verständnis für spezifische Gegebenheiten in diesen Ländern erwerben	
Vorbereitung		Material: Advance Organizer: https://prezi.com/p/xx120si3tab-/ Kahoot: https://play.kahoot.it/#/?quizId=201eb420-0145-4e29-8862-174264436d42 Padlet: https://padlet.com/anja_schindler/ee8h9yhiddgo Feedback: https://goo.gl/forms/lhrEF5aOikNG4UbL2 Arbeitsblatt	
Zeitbedarf		90 min	
Aktivierungs-Level		☒ passiv ☒ aktiv ☒ konstruktiv ☒ interaktiv → [p] [a] [k] [i]	

Beschreibung des Unterrichtsverlaufs

Bei dieser Lernsäule findet es statt:	Das machen die Schülerinnen und Schüler …	(digitale) Methode(n)	Das mache ich …
Aktivieren	S orientieren sich [p] mithilfe eines PREZI-Advance-Organizers über Inhalte und Ablauf der Lernumgebung zum Thema „Stonehenge". Dazu machen sie sich mithilfe eines Einstiegfilms Grundlagen kulturhistorischer Begebenheiten in GB bewusst.[p] S tauschen sich aus und geben Vorwissen über Stonehenge wieder [a], [i] (PA).	Advance Organizer (PREZI) Informierende Einstiegsvideo Leitfrage Partnerbriefing	L informiert u.a. über basale Inhalte des Lerngegenstandes, zu erstellende Lernprodukte und Lernaufgaben sowie über Bewertungskriterien. L stellt Leitfrage: „Why do you think Stonehenge was built?"

Informieren	S entwickeln Vorstellungen über den Bau und die Geschichte von Stonehenge. [p] S bilden Gruppen (Aufgaben/Rollen) und informieren sich vertieft zu ihren Lernaufgaben.[a] S überprüfen [a] ihr Wissen und Verständnis mit Hilfe eines Lernspiels.	PREZI Classroom-Screen Gruppenarbeit Vertiefungsvideo Notizen anfertigen Didakt. Quiz (Kahoot) L-Info	L führt die Klasse, instruiert und begleitet die Lerner mithilfe einer digitalen PREZI-Lernumgebung sowie einer Screen-Anwendung zur Zeitsteuerung. Er bietet dazu Material und Lernaufgaben an. L erklärt dabei die Geschichte von Stonehenge.
Ordnen	S erschließen neue Vokabeln in Kontext und integrieren [k] sie in vorhandenen Wortschatz. S versuchen, Zusammenhänge mit dem Gelernten herzustellen [k] und beantworten Verständnisfragen [a]. S analysieren den Buchtext und S informieren und befragen sich gegenseitig dazu [i]. S sichern ihre erworbenen Erkenntnisse zu Stonehenge mithilfe eines Hefteintrages [a].	PREZI Zuordnungsspiel Bushaltestelle Partner-Duett Arbeitsblatt	L fasst Grundlagen zusammen und fertigt eine (digitale) Zusammenfassung an. L ergänzt, sichert Wissen L kontrolliert Zeit für Aufgaben und leitet Methoden an.
Verarbeiten	S sammeln Ideen und erstellen dazu als digitales Lernprodukt eine Audio-Aufnahme und generieren ein Mini-Portfolio zu Stonehenge [k]. S verwenden und vertiefen dabei sachgerechte Arbeitstechniken.	Brainstorming Padlet -> Audio-Aufnahme von Ideen mit Hilfe ihres Smartphones/Tablets/ Netbooks	L lobt und ermutigt S. Dabei übt er konstruktiv Kritik, indem er sachbezogene Feedbacks gibt. L bietet Hilfe zur Erstellung an.
Präsentieren	Mitschüler/innen können die Ergebnisse im Padlet anhören/anschauen und kommentieren. Damit überarbeiten die S noch einmal ihre Mini-Portfolios.[i]	Padlet (Ideensammlung) digitales Kommentieren Feedback (Google Forms)	L fordert zur Einschätzung auf.

Evaluieren	S schätzen Stunde zu Stonehenge ein [a]		
Nächster Schritt: Listening (als HA) zum Üben, Wiederholen, Transfer			

Meine Einschätzung	Das war schwierig für mich: Organisation der Padlets nach Umstellung auf EDUPro- Version; WLAN fehlte permanent, S-Kommentare oft zu wenig exakt	
	Das könnte ich verbessern: Vorentlastung des Wortschatzes durch Kahoot Hausaufgabe oder Quizlet	

Materialien/ Webseite

1) Why do you think Stonehenge was built? Your theory can be as silly or serious as you want.

2) Write down the new words!

Worksheet: https://bit.ly/2RwHlvB

Padlet: https://bit.ly/2PkU1Vb

Advanced Organizer: https://prezi.com/view/3oX-gEiKYjKvZWs2DxE3L/

Chemie, 8. Jg.

Ilona Birkenfeld

Unterrichtsthema und Lehrplanbezug

Jahrgangsstufe:	8	Stundenthema/ Titel: Einführung des Kugelwolkenmodells
LehrplanPLUS (Lernbereich):	5	
Kompetenzerwartung		Die Schülerinnen und Schüler (SuS) ... • vergleichen die Aussagen verschiedener Modelldarstellungen zum Atombau und beschreiben die Modellgrenzen. • ordnen die Elektronen der Energiestufen den entsprechenden Kugelwolken zu
Inhalte zu den Kompetenzen		Kugelwolkenmodell: Verteilung der Elektronen auf die einzelnen Kugelwolken
Vorbereitung		Material: Padlet, Magnettafel und Applikationen für Kugelwolken oder iPad
Zeitbedarf		45 min
Aktivierungs-Level		☒ passiv ☒ aktiv ☒ konstruktiv ☒ interaktiv → [p] [a] [k] [i]

Beschreibung des Unterrichtsverlaufs

Bei dieser Lernsäule findet es statt:	Das machen die Schülerinnen und Schüler ...	(digitale) Methode(n)	Das mache ich ...
Aktivieren	- Wiederholen Kenntnisse zu Kern-Hülle-Modell und Energiestufenmodell & Grenzen der Modelle durch lesen und beantworten der Quizfragen in Einzel- und Plenumsarbeit [a], [p]	Plenum & Einzelarbeit, Wdh/ Brainstorming, Quiz z. B. mit Learning Apps Beamer	- Entwickeln und Aufbereiten des Quiz mit der Software - Präsentieren des Quiz via Beamer oder Smartboard - Formulieren von Quizfragen und Lösungsmodi (MC, offen, Feedbackmodi) - moderieren des Unterrichtgesprächs, - Individuelle Hilfestellung anbieten bei Hinführung zur Lernaufgabe
Informieren	- Lesen von Informationen zur Lernaufgabe [p] - Lesen der Informationen der Wissensbausteine zum Kugelwolkenmodell [p] - Lesen von Informationen über das Projektziel [p]	Einzelarbeit, Padlet, Magnettafel	- Formulieren einer Lernaufgabe (z. B. „ Entwickelt die Kugelwolkenmodelle für ein Kohlenstoff- und ein Sauerstoffatom!") - Aufbereiten der Lernaufgabe via Padlet - Formulieren eines Arbeitsauftrags zum Erstellen des Lernprodukts (Präsentation)

Ordnen	- Ordnen der Wissensbausteine [a] - Erstellen eines Ablaufplans zur Anfertigung des Lernprodukts	Einzelarbeit Padlet Magnettafel	- Verständnisprobleme und Fehlkonzepte beobachten und diagnostizieren
	(hier: Präsentation) [a], [k] - Ordnen und formulieren von Inhalten für das Lernprodukt [a]		- bei Klärung von Verständnisproblemen begleiten und individuelle Hilfestellungen anbieten
Verarbeiten Lernprodukt(e) erstellen	- Erstellen der Kugelwolkenmodelle für C- und O-Atom mit Applikationen durch Zusammensetzen der Formen [a], [k] - Fotografieren der Modelle mit dem iPad/ Smartphone/Digitalcamera [a] - Hochladen der Fotografien in das Padlet [a]	Einzelarbeit, Padlet, Magnettafel, WLAN	- Verständnisprobleme und Fehlkonzepte beobachten und diagnostizieren - bei Klärung von Verständnisproblemen begleiten und individuelle Hilfestellungen anbieten
Präsentieren & Reflektieren	- Präsentieren der Lernprodukte (durch ausgewählte SuS) [a], [p] - Peerfeedback im Plenum [a], [k], [i]	Plenum Padlet, Beamer	- Moderieren der Präsentationen - Moderieren der Diskussion - Verständnisprobleme und Fehlkonzepte beobachten und diagnostizieren

© Rogowsky, S. (2016, 2018): Orientierungsplan © KLARA aus der Buch-Reihe: „So leicht geht Projektunterricht" (Jahrgangsstufe 5-10; 3 Bd.). Berlin: Cornelsen.

Materialien/ Webseite

Padlet:

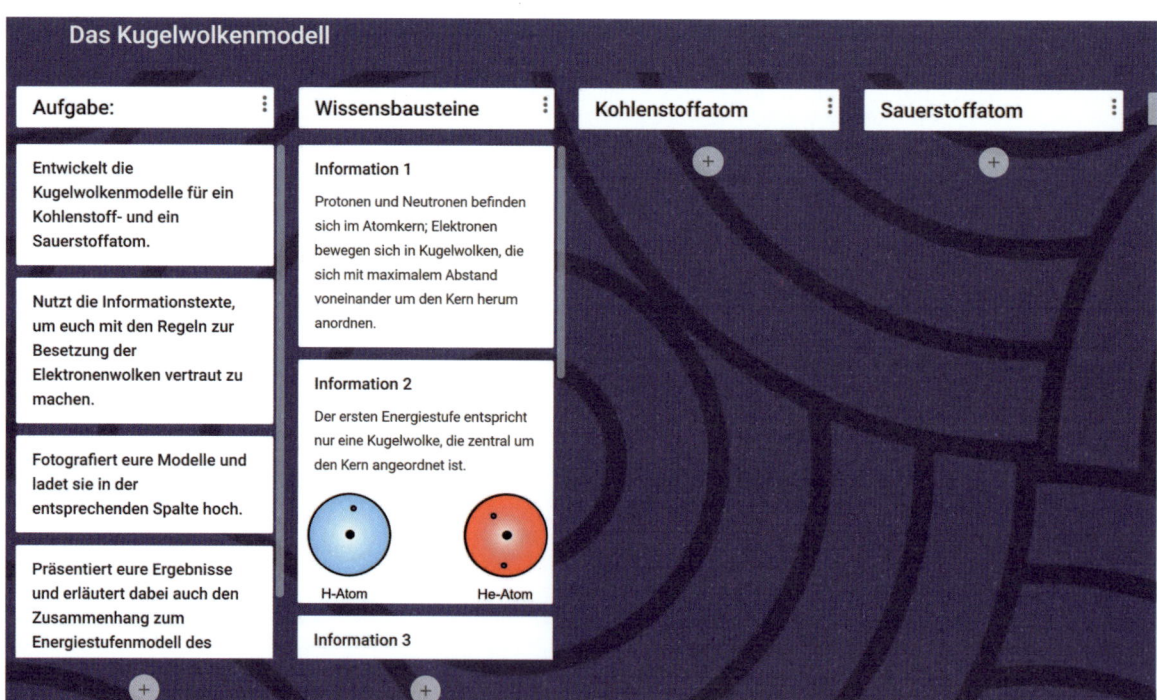

Aufgabenstellung:

Das Kugelwolkenmodell

Hinweis:
Elektronenwolken, die mit nur einem Elektron besetzt sind, werden blau dargestellt.
Elektronenwolken, die mit zwei Elektronen besetzt sind, werden rot dargestellt.

Aufgabe:
Entwickle die Kugelwolkenmodelle für ein Kohlenstoff- und ein Sauerstoffatom.

- Nutze die Informationstexte, um dich mit den Regeln zur Besetzung der Elektronenwolken vertraut zu machen. (Hilfekarten zur Veranschaulichung findest du am Pult.)
- Bereite eine Präsentation zum Kugelwolkenmodell vor. Erläutere dabei auch den Zusammenhang zum Energiestufenmodell des Kohlenstoff- bzw. Sauerstoffatoms.

Wissensbausteine:
Information 1
Protonen und Neutronen befinden sich im Atomkern; Elektronen bewegen sich in Kugelwolken, die sich mit maximalem Abstand voneinander um den Kern herum anordnen.

Information 2
Der ersten Energiestufe entspricht nur eine Kugelwolke, die zentral um den Kern angeordnet ist.
Hilfe am Lehrerpult.

Information 3
Ab der zweiten Energiestufe werden immer erst 4 Kugelwolken angelegt.

Information 4
Jede der vier Kugelwolken wird zuerst einfach besetzt.
Hilfe am Lehrerpult.

Information 5
Erst ab dem 5. Elektron auf der Energiestufe sind auch Elektronen paarweise in den Kugelwolken verteilt.
Hilfe am Lehrerpult.

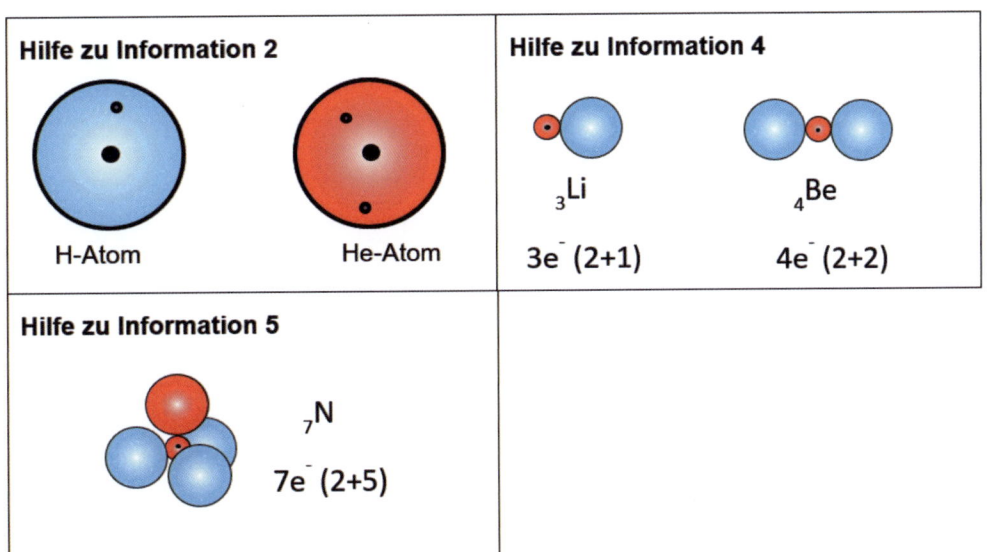

Geographie, 7. Jg.

Maximilian Pflaum, Anja Donderer

Unterrichtsthema und Lehrplanbezug

Jahrgangsstufe:	Geo 7	Stundenthema/ Titel: Erdrevolution – Entstehung der Jahreszeiten
LehrplanPLUS (Lernbereich):	7.1	
Kompetenzerwartung		Die Schülerinnen und Schüler - Erklären unter Berücksichtigung planetarischer Grundlagen die unterschiedlichen Beleuchtungsverhältnisse der Erde - beschreiben und erklären die Erdrevolution anhand eines selbsterstellen Erklärvideos
Inhalte zu den Kompetenzen		Neigung der Erde zur Umlaufbahn, Erdrevolution (Jahreszeiten und Tageslängen)
Vorbereitung		Material: (digitales) Info-Material, Arbeitsblatt mit Lösung (QR-Code), Kahoot,
Zeitbedarf		90 min
Aktivierungs-Level		☒ passiv ☒ aktiv ☒ konstruktiv ☒ interaktiv → [p] [a] [k] [i]

Beschreibung des Unterrichtsverlaufs

Bei dieser Lernsäule findet es statt:	Das machen die Schülerinnen und Schüler ...	(digitale) Methode(n)	Das mache ich ...
Aktivieren	- benennen des Stundethemas anhand Einstiegbilds [a], [p] - SuS stellen Vermutungen zu den Ursachen der Entstehung der Jahreszeiten an [a], [k]	Stummer Impuls Advance Organizer Abstimmung an der digitalen Tafel mittels Powerpoint	- L zeigt das Einstiegsbild und sammelt Ideen zum Bild - L zeigt den Advance Organizer - Formulieren einer Leitfrage - L lädt Schüler zum Gang zur digitalen Tafel ein, um Leitfrage zu beantworten.
Informieren	- SuS lesen sich in PA im Mebiskurs die bereit gestellten Informationen über die Ursachen der Entstehung der Jahreszeiten durch [p]	Angebot von Material über Mebis (Buch mit Text, Bilder, Animationen)	- Entwickeln und Aufbereiten von Materialien für den Mebiskurs - Präsentieren und erläutern der Materialien - Verständnisprobleme und Fehlkonzepte beobachten und diagnostizieren - bei Klärung von Verständnisproblemen begleiten und individuelle Hilfestellungen anbieten

Ordnen	- SuS lesen den Lernauftrag des Arbeitsblatts [p] - und formulieren (schriftlich) Lösungsvorschläge und -wege (in PA) [a], [k] - Einscannen des an einer Wand ausgehängten QR-Codes	Sicherungsphase QR – Code	- Verständnisprobleme und Fehlkonzepte beobachten und diagnostizieren - bei Klärung von Verständnisproblemen begleiten und individuelle Hilfestellungen anbieten
	- Vergleichen des eigenen Lösungsweges mit dem Lösungsweg des ABs über den QR-Code [a], [k]		
Verarbeiten Lernprodukt(e) erstellen	- SuS erstellen in PA ein Erklärvideo mithilfe des Arbeitsblatts und einer Grafik zur Erdrevolution [k][i]	Erklärvideo iPad / Handy	- Hilfestellung bei der (technischen) Nutzung der Videohard- und -software (Zeigen, Vorführen, Erklären) - Hilfestellung bei der Entwicklung des Storyboards (Moderieren, Erklären) - Verständnisprobleme und Fehlkonzepte beobachten und diagnostizieren - bei Klärung von Verständnisproblemen begleiten und individuelle Hilfestellungen anbieten
Präsentieren & Reflektieren	- SuS betrachten Videos anderer Schüler [p] - SuS geben Feedback zur Präsentation ausgewählter Erklärvideos [k] - SuS formulieren Bezug zur ursprünglichen Vermutung und vergleichen das Ergebnis damit [k] - SuS beantworten Quizfragen zur Gesamtsicherung [a]	Peerfeedback mittels Sesseltanz Powerpoint Kahoot / Plickers	- Moderieren der Präsentationen - Moderieren der Feedbackgabe durch die Peers (auch: Anleiten durch Vorgabe von Kriterien zur Feedbackgabe)
Nächster Schritt: Polartag / Polarnacht			

Geschichte, 8. Jg.

Michael Steckenbiller

Unterrichtsthema und Lehrplanbezug

Jahrgangsstufe:	8	Stundenthema/ Titel:
LehrplanPLUS (Lernbereich):	G8 Lernbereich 9 – bilingualer Sachfachunterricht	America on its way to the ‚Declaration of Independence‘
Kompetenzerwartung		Die Schülerinnen und Schüler … …setzen die englische Sprache als Mittel zur authentischen Kommunikation ein und nehmen einen sprachlichen und inhaltlichen Perspektivenwechsel vor. …nutzen ihre historischen Kenntnisse, um faktengestützt Themen der Jahrgangsstufe zu diskutieren und inhaltliche Phänomene kritisch hinterfragen.
Inhalte zu den Kompetenzen		…from the founding of British colonies in America to the Declaration of Independence
Vorbereitung		Material: Youtube videos, Poster, AB's, Faksimile
Zeitbedarf		90 min
Aktivierungs-Level		☒ passiv ☒ aktiv ☒ konstruktiv ☐ interaktiv → [p] [a] [k] [i]

Beschreibung des Unterrichtsverlaufs

Bei dieser Lernsäule findet es statt:	Das machen die Schülerinnen und Schüler …	(digitale) Methode(n)	Das mache ich …
Aktivieren	- SuS sehen ein Faksimile der 'Declaration of Independence' [p] - SuS schreiben das Stundenthema ins Heft [a]	Visualisieren mit Hilfe eines Faksimiles	- Auswählen, ggf. aufbereiten und präsentieren des Faksimile
Informieren	- SuS sehen ein Video (1) [p] - und beantworten dazu Fragen (Wer war beteiligt? Warum kam es zum Konflikt? Was waren die Folgen; alle Fragen mit H5P ins Video eingebettet) [a] - SuS betrachten das Tafelbild, das nach und nach entsteht [p] - SuS sehen als Vorlage ein weiteres Video [p] - und erstellen dazu ein Kahoot (5 Fragen) zum 1. Teil des Films [k]	youtube video ; Fragen eingebettet mit H5P; AB mit Lückentext Kahoot; AB mit USA (Leerkarte)	- Auswählen, aufbereiten und bereitstellen des Videos - Formulieren von Leitfragen und Arbeitsaufträge - technische Einbettung der Fragen in das Video - Verständnisprobleme und Fehlkonzepte beobachten und diagnostizieren - bei Klärung von Verständnisproblemen begleiten und individuelle

			Hilfestellungen anbieten - technische Hilfestellung beim Ansehen des Videos anbieten und geben
	- SuS zeichnen den Schlachtverlauf des 'War of Independence' in eine Karte der USA ein [a] - SuS fertigen anhand der zuvor erarbeiteten Inhalte einen Hefteintrag an [a]		
Ordnen	- SuS ordnen die Teilnehmer der Kriege in der Karte [a] - SuS erstellen mit Prezi eine digitale mind-map [a]	Karte mit Ostküste der USA, thinglink, Prezi	- Sammeln und ordnen der Schülerantworten - formulieren von Arbeitsaufträgen - Verständnisprobleme und Fehlkonzepte beobachten und diagnostizieren - bei Klärung von Verständnisproblemen begleiten und individuelle Hilfestellungen anbieten
Verarbeiten Lernprodukt(e) erstellen	- SuS eruieren weitere Informationen zu heutigen Erinnerungen der Kriegsteilnehmer [a], [k]	Präsentieren und reflektieren mit Prezi	- Sammeln und ordnen der Schülerantworten - formulieren von Arbeitsaufträgen - Verständnisprobleme und Fehlkonzepte beobachten und diagnostizieren - bei Klärung von Verständnisproblemen begleiten und individuelle Hilfestellungen anbieten
Präsentieren & Reflektieren	- SuS bewerten die Prezis der anderen und geben Feedback [a], [k] - SuS stellen Fragen an die Peergruppe der jeweiligen Prezi [k]	Gallery Walk Plenum	- Moderieren der Präsentationen - Moderieren der Feedbackgabe durch die Peers (auch: Anleiten durch Vorgabe von Kriterien zur Feedbackgabe)

© Rogowsky, S. (2016, 2018): Orientierungsplan © KLARA aus der Buch-Reihe: „So leicht geht Projektunterricht" (Jahrgangsstufe 5-10; 3 Bd.). Berlin: Cornelsen.

Materialien/ Webseite

Beispiel für Videoclip:

https://www.youtube.com/watch?v=tfnrdWYmZus

(Mathematik, 10. Jg.

Rita Braun

Unterrichtsthema und Lehrplanbezug

Jahrgangsstufe:	10I	Stundenthema/ Titel: Prüfungsvorbereitung: komplexe Aufgaben zur Raumgeometrie
Lehrplan (Lernbereich):	10.3	
Kompetenzerwartung		Die Schülerinnen und Schüler berechnen unter Zuhilfenahme geeigneter Teildreiecke Streckenlängen und Winkelmaße in einer Pyramide.
Inhalte zu den Kompetenzen		Die Schülerinnen und Schüler (SuS)... ... benennen und beschreiben Körper auf Grundlage der Körpernetze. ... bauen mit Hilfe eines Netzes ein Modell der Pyramide, die Ausgangspukt für die weiteren Aufgabenstellungen und Berechnungen ist. ... berechnen unter Zuhilfenahme geeigneter Dreiecke Streckenlängen und Winkelmaße in einer Pyramide. ... bestimmen eine Streckenlänge in der Pyramide in Abhängigkeit eines Winkels.
Vorbereitung		Material: GeoGebra-Dateien (Netze mit Schiebereglern, Pyramide aus Aufgabe in 2D und 3D), Angabe zur Aufgabe, Bastelvorlage für die Pyramide
Zeitbedarf		45 Minuten
Aktivierungs-Level		☒ passiv ☒ aktiv ☒ konstruktiv ☐ interaktiv → [p] [a] [k] [i]

Beschreibung des Unterrichtsverlaufs

Bei dieser Lernsäule findet es statt:	Das machen die Schülerinnen und Schüler ...	(digitale) Methode(n)	Das mache ich ...
Aktivieren	- Zuhören beim Präsentieren der Netze via Beamer [p] - Zuordnen verschiedener Netze zu den entsprechenden Körpern [a], [p]	- Plenum - Visualisierung mit GeoGebra via Beamer oder Smartboard	- Präsentieren der Netze via Beamer - Sammeln und ordnen der Schülerantworten via Software - Zeigen/ präsentieren der Lösungen via Software (mit Hilfe der GeoGebra-Dateien (Netze) überprüfen, indem die Netzte zum Körper „gefaltet" werden.)
Informieren	- Lesen der Aufgabenstellung zur AP MI AP 2017 NT – B2 (jeder für sich) [p] - Übertragen aller Angaben auf das Pyramidennetz. [a] - Überprüfen der Vorstellung zur gegebenen Pyramide, indem das Körpernetz ausgeschnitten und gefaltet wird [a]	Einzelarbeit, Plenum	- Leitfrage stellen und Aufgabenstellung benennen - Sammeln und ordnen (notieren) von Informationen - Präsentieren der Informationen für das Plenum via Beamer/ Smartboard

Ordnen	- Benennen der zu berechnenden Streckenlängen und Winkelmaße [a] - Zuordnen der Werte in geeignete Teildreiecke [a] - Dabei Verwendung des zuvor gebastelten Modells [a]	Einzelarbeit, Plenum, Visualisierung mit GeoGebra (in 3D)	- Plenumsgespräche leiten - Verständnisprobleme und Fehlkonzepte beobachten und diagnostizieren - bei Klärung von Verständnisproblemen begleiten und individuelle Hilfestellungen anbieten - Visualisierung mit GeoGebra-Datei (in 3D) anleiten
Verarbeiten Lernprodukt(e) erstellen	- Lösungswege zur Berechnung der zuvor genannten Streckenlängen und Winkelmaße eruieren [k] - Berechnen der gesuchten Kennwerte [a] - Berechnen weiterer Aufgaben zum gleichen Thema [a]	Einzelarbeit, Visualisierung via GeoGebra, Arbeit am analogen Modell, Anwendung von Problemlöse-strategien	- Verständnisprobleme und Fehlkonzepte beobachten und diagnostizieren - bei Klärung von Verständnisproblemen begleiten und individuelle Hilfestellungen anbieten - Visualisierung mit GeoGebra-Datei (in 3D) anleiten
Präsentieren & Reflektieren	- Austauschen und Vergleichen der Lösungswege in der Peergruppe [a] - Überprüfen der Lösungswege und Ergebnisse zudem mit mit Hilfe des GeoGebra-Applets vom Anfang der Stunde. [a]	Plenum, Reflexion, Selbstkontrolle	- Verständnisprobleme und Fehlkonzepte beobachten und diagnostizieren - bei Klärung von Verständnisproblemen begleiten und individuelle Hilfestellungen anbieten - Visualisierung mit GeoGebra-Datei (in 3D) anleiten

Nächster Schritt
Anwendung in einer weiteren Aufgabe aus der Abschlussprüfung.

Meine Einschätzung	Das war schwierig für mich: Schüler mit guter Raumvorstellung sind mit diesem kleinschrittigen Vorgehen eher unterfordert. Diese S sind als Lernbegleiter für langsamere Lerner eingesetzt worden.
	Das könnte ich verbessern: Alternatives Differenzierungsangebot für schnelle S, z.B. das Schrägbild in GeoGebra selbst nachkonstruieren. Mehr mobile Endgeräte, auf denen die Schüler die GeoGebra-Datei (auch online) nutzen könnten.

Exemplarische Screenshots der GeoGebra-Dateien zur Aktivierung

Köpernetz im Ausgangszustand:

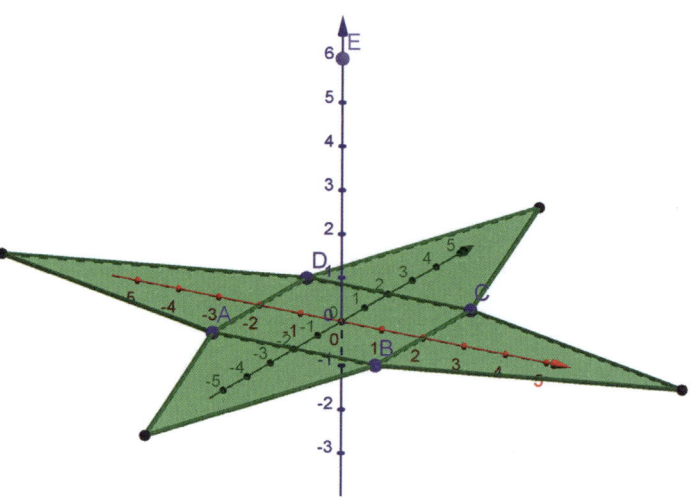

Köpernetz wird mit dem Schieberegler

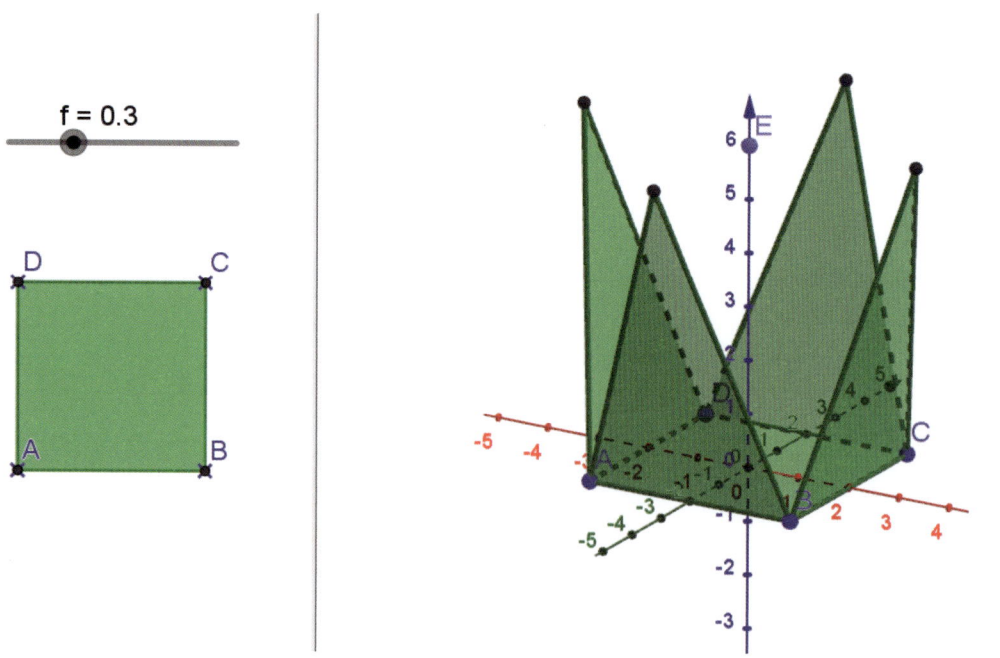

Angabe zur Aufgabe

https://www.isb.bayern.de/download/19896/2017_mi_nt_l.pdf

Übung zur Raumgeometrie

MI AP 2017 NT – B2

B 2.0 Das Rechteck ABCD ist die Grundfläche der Pyramide ABCDS. Der Punkt E ist der Mittelpunkt der Strecke [AD] , der Punkt F ist der Mittelpunkt der Strecke [BC]. Die Spitze S liegt senkrecht über dem Punkt E. Es gilt: $\overline{AB}$ = 6,5 cm; $\overline{AD}$ = 8 cm; $\overline{ES}$ = 5,5 cm.
Runden Sie im Folgenden auf zwei Stellen nach dem Komma.

B 2.1 Zeichnen Sie ein Schrägbild des Pyramide ABCDS, wobei [EF] auf der Schrägbildachse liegen soll.

Für die Zeichnung: q = $\frac{1}{2}$; ω = 45°

Berechnen Sie sodann die Länge der Strecke [FS] sowie das Maß des Winkels SFE.
[Ergebnisse: $\overline{FS}$ = 8,51 cm; ⊰SFE =40,24°]

B 2.2 Punkte P_n liegen auf der Strecke [FS] und bilden zusammen mit dem Punkt G ∈ [EF] Winkel FGP_n mit dem Maß φ ∈]0°; 118,61°]. ES gilt: $\overline{EG}$ = 3 cm. Die Punkte P_n sind Spitzen von Pyramiden $BCGP_n$ mit der Grundfläche BCG und den Höhen [P_nL_n] mit L_n ∈ [EF]. Zeichnen Sie die Pyramide $BCGP_1$ für φ = 110° und die zugehörige Höhe [P_1L_1] in das Schrägbild zu B 2.1 ein.

B 2.3 Begründen Sie die obere Intervallgrenze für φ.

B 2.4 Zeigen Sie durch Rechnung, dass für die Länge der Strecken [GP_n] in Abhängigkeit von φ gilt: $\overline{GP_n}$ (φ) = $\frac{2,26}{\sin(\varphi + 40,24°)}$ cm.

B 2.5 Berechnen Sie das Volumen V der Pyramiden $BCGP_n$ in Abhängigkeit von φ.
[Ergebnis: V(φ) = $\frac{10,55 \cdot \sin \varphi}{\sin(\varphi + 40,24°)}$ cm³]

B 2.6 Das Dreieck GFP_2 ist gleichschenklig mit der Basis [FP_2]. Berechnen Sie den prozentualen Anteil des Volumens der Pyramide $BCGP_2$ am Volumen der Pyramide ABCDS.

Lösung

http://www.isb.bayern.de/download/19896/2017_mi_nt_l.pdf
(Das Layout der Lösung wurde überarbeitet.)

B 2.1

$$\overline{FS} = \sqrt{\overline{EF}^2 + \overline{ES}^2}\ \text{cm} \quad \Rightarrow \quad \overline{FS} = \sqrt{8^2 + 5,5^2}\ \text{cm} \quad \Rightarrow \quad \overline{FS} = 8,51\,\text{cm}$$

$$\tan \sphericalangle SFE = \frac{\overline{ES}}{\overline{EF}} \quad \Rightarrow \quad \tan \sphericalangle SFE = \frac{5,5}{8} \quad \Rightarrow \quad \sphericalangle SFE = 40,24°$$

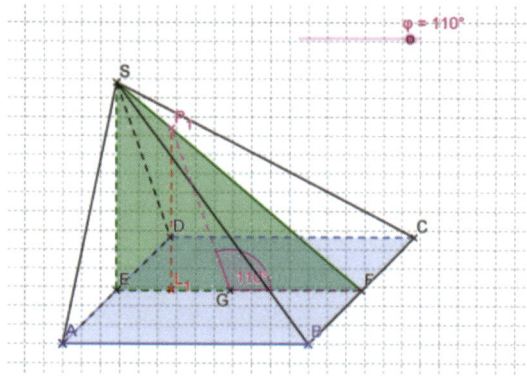

B 2.2 siehe Zeichnung

B 2.3 Für die obere Interfallgrenze gilt: $\varphi = \sphericalangle FGS$

$$\text{Im } \Delta GSE: \quad \tan \sphericalangle SGE = \frac{\overline{ES}}{\overline{EG}} \quad \Rightarrow \quad \tan \sphericalangle SGE = \frac{5,5}{3} \quad \Rightarrow \quad \sphericalangle SGE = 61,39°$$

$$\sphericalangle FGS = 180° - \sphericalangle SGE \quad \Rightarrow \quad \sphericalangle FGS = 118,61° \quad \Leftrightarrow \quad \varphi = 118,61°$$

B 2.4 Im ΔGFP_n: $\quad \dfrac{\overline{GP_n}}{\sin \sphericalangle P_n FG} = \dfrac{\overline{GF}}{\sin \sphericalangle GP_n F} \quad \Leftrightarrow \quad \overline{GP_n} = \dfrac{\overline{GF} \cdot \sin \sphericalangle P_n FG}{\sin \sphericalangle GP_n F}$

$$\overline{GF} = \overline{EF} - \overline{EG} \quad \Rightarrow \quad \overline{GF} = 6,5\,\text{cm} - 3\,\text{cm} \Rightarrow \quad \overline{GF} = 3,5\,\text{cm}$$

$$\sphericalangle FGP_n = \sphericalangle SFE = 40,24°$$

$$\sphericalangle GP_n F = 180° - (\sphericalangle FGP_n + \sphericalangle FGP_n) \quad \Rightarrow \quad \sphericalangle GP_n F = 180° - (\varphi + 40,24°)$$

$$\Rightarrow \quad \overline{GP_n}(\varphi) = \frac{3,5\,\text{cm} \cdot \sin 40,24°}{\sin(180° - (\varphi + 40,24°))} \quad \Rightarrow \quad \overline{GP_n}(\varphi) = \frac{2,26}{\sin(\varphi + 40,24°)}\,\text{cm}$$

B 2.5 $\quad V(\varphi) = \dfrac{1}{3} \cdot \dfrac{1}{2} \cdot \overline{BC} \cdot \overline{GF} \cdot \overline{P_n L_n}$

$$\text{Im } \Delta GP_n L_n: \ \sin(180° - \varphi) = \frac{\overline{P_n L_n}}{\overline{GP_n}} \quad \Rightarrow \quad \overline{P_n L_n} = \frac{2,26 \cdot \sin \varphi}{\sin(\varphi + 40,24°)}\,\text{cm}$$

$$V(\varphi) = \frac{1}{3} \cdot \frac{1}{2} \cdot 8 \cdot 3,5 \cdot \frac{2,26 \cdot \sin \varphi}{\sin(\varphi + 40,24°)}\,\text{cm}^3 \quad \Rightarrow \quad V(\varphi) = \frac{10,55 \cdot \sin \varphi}{\sin(\varphi + 40,24°)}\,\text{cm}^3$$

B 2.5 $\quad V_{ABCDS} = \dfrac{1}{3} \cdot \overline{AB} \cdot \overline{BC} \cdot \overline{ES} \quad \Rightarrow \quad V_{ABCDS} = \dfrac{1}{3} \cdot 8 \cdot 6,5 \cdot 5,5\,\text{cm}^3 \approx 95,33\,\text{cm}^3$

$$\text{Im } \Delta GFP \text{ gilt: } \sphericalangle P_2 FG = \sphericalangle GP_2 F = 40,24°$$

$$\sphericalangle FGP_n = 180° - 2 \cdot \sphericalangle P_2 FG \quad \Rightarrow \quad \varphi = 180° - 2 \cdot 40,24° = 99,52°$$

$$V(99,52°) = \frac{10,55 \cdot \sin 99,52°}{\sin(99,52° + 40,24°)}\,\text{cm}^3 \approx 16,11\,\text{cm}^3$$

$$p = 16,11\,\text{cm}^3 : 95,33\,\text{cm}^3 \approx 0,1690 = 16,90\,\%$$

Netz:

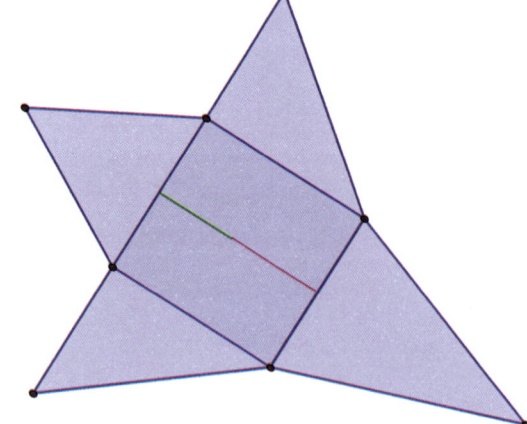

GeoGebra-Dateien

https://www.geogebra.org/m/r5mAmhyH und
https://www.geogebra.org/m/CceJKcT6

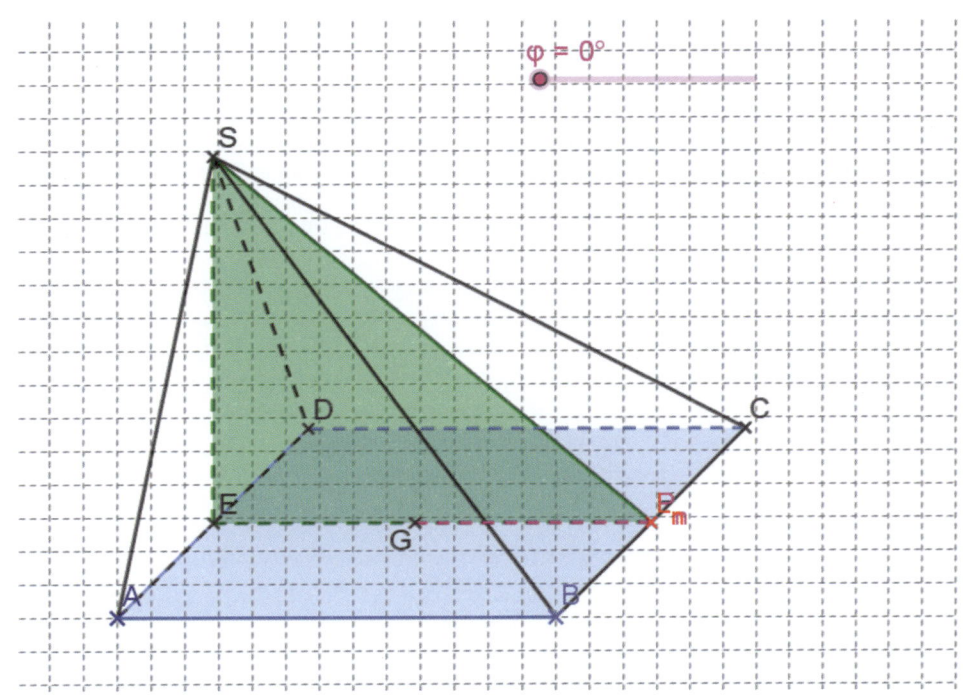

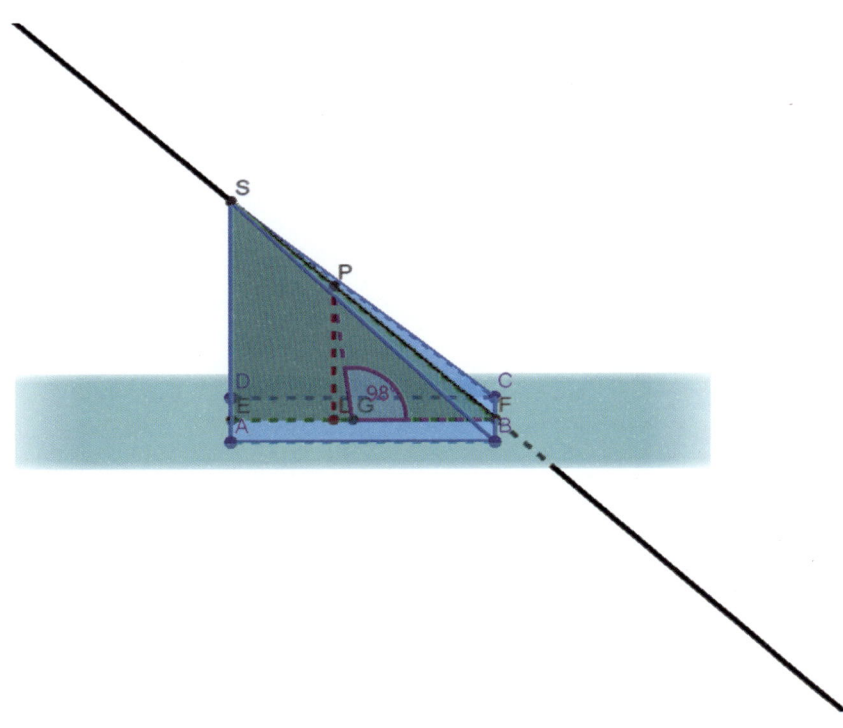

4.8 Vom freien Fall zur schiefen Ebene

Physik, 10. Jg.

Scharaf Girges

Unterrichtsthema und Lehrplanbezug

Jahrgangsstufe:	PH 10	Stundenthema/ Titel: Vom freien Fall zur schiefen Ebene
LehrplanPLUS (Lernbereich)	1	
Kompetenzerwartung/ Inhalte		Die Schülerinnen und Schüler … beschreiben Bewegungsabläufe mithilfe von Zeit-Weg-Diagrammen (gleichmäßig beschleunigte Bewegung) Mit den entsprechenden Bewegungsgleichungen führen sie unter Berücksichtigung der Einheiten und sinnvoller Genauigkeit Berechnungen durch. Sie nutzen das Prinzip der Energieerhaltung um Ergebnisse zu bewerten.
Inhalte zu den Kompetenzen		Zeit-Weg-Diagramme Durchschnittsgeschwindigkeit, Momentangeschwindigkeit gleichmäßig beschleunigte Bewegung freier Fall
Vorbereitung:		Material: Smartphone als Messinstrument mit der App Phyphox (Android, iOS), Pringles-Dose oder ähnliches, Brett für schiefe Ebene, Geodreieck, Metermaßstab
Zeitbedarf		90 Minuten
Aktivierungs-Level		☒ passiv ☒ aktiv ☒ konstruktiv ☒ interaktiv → [p] [a] [k] [i]

Beschreibung des Unterrichtsverlaufs

Bei dieser Lernsäule findet es statt:	Das machen die Schülerinnen und Schüler …	(digitale) Methode(n)	Das mache ich …
Aktivieren Informieren	S aktivieren Vorwissen aus der Vorstunde zum Thema „Freier Fall (Anlage 1 und 2). App Phyphox bereits bekannt. [a] Besprechung der HA learningapps free fall (Anlage 3) [a] Einstieg zum neuen Thema: S sehen sich Film zum Physphox-Experiment „smartphone in der Papp-Rolle" an (Anlage 4) und erstellen stichpunktartig eine Experimentieranleitung, wobei sie zum besseren Verständnis Screenshots vom Video mit einbauen [p] [a]	Phyphox Learningapps Youtube Notability Keynote GA (Ich-Du) UG (Wir)	L moderiert Motivation L unterstützt individuell Gemeinsame Verbesserung
Verarbeiten	S experimentieren gemäß der zuvor von Ihnen erstellen Anleitung und filmen dabei das Experiment. [a] S bestimmen mit der App „Phyphox" die	Smartphone	L unterstützt individuell

	Geschwindigkeit der Rolle in Abhängigkeit von der Zeit. [k] Dabei hat jede Gruppe einen anderen Neigungswinkel der schiefen Ebene.	GA	
Ordnen Verarbeiten	S exportieren die Messwerte in ein Tabellenkalkulationsprogramm, um ein t-v-Diagramm zu erstellen und die Beschleunigung der Rolle mittels der richtigen Zellenformel entlang der Ebene zu bestimmen. S erstellen dann hierzu ein t-a-Diagramm mit dem Tabellenkalkulations-programm oder per Hand in das Schulheft. [a] [k] S bestimmen die Geschwindigkeit der Rolle am Ende der schiefen Ebene. S berechnen die Höhenenergie der Rolle zum Zeitpunkt Null und vergleichen diesen Wert mit der kinetischen Energie der Rolle am Ende der schiefen Ebene. Mit Hilfe der Internetrecherche bewerten die Schüler das Ergebnis. [k] [i] (Hilfe 1: https://bit.ly/2MldfJ) (Hilfe 2: https://universaldenker.de/theorien/33) Zusammenführung der Ergebnisse von den einzelnen Gruppen: Beschleunigung der Rolle in Abhängigkeit vom Neigungswinkel [a] S die früher fertig sind überprüfen ihre Ergebnisse, in dem sie die Versuche noch einmal durchführen und dabei mit dem Smartphone die Messungen mit Hilfe einer Videoanalyse durchführen [k]	Excel, Numbers GA UG (Wir) Keynote Hefteintrag App Video Physics	L unterstützt individuell L gibt Hilfe L fasst Grundlagen zusammen und erstellt einen digitalen Hefteintrag
Verarbeiten	S erstellen ein Erklärvideo zu dem Experiment, welches auch die Auswertung und das Ergebnis beinhaltet. [i] Beschleunigung der Rolle in Abhängigkeit vom Neigungswinkel unter der besonderen Berücksichtigung für α = 90°. Wer keine brauchbaren Messwerte erhalten hat, verwendet für die Erstellung des Videos den Rutschsimulator von Planet Schule (Anlage 5) Hauptergebnis: Für einen Hangwinkel von α = 90° geht die Bewegung von der schiefen Ebene in den freien Fall über. Anders gesagt: der freie Fall ist der Sonderfall der Bewegung auf einer schiefen Ebene (mit α = 90° ist sin α = 1 und damit $F_H = F_G$ oder a = g).	imovie Explain everything Simulation im Internet	L unterstützt individuell

Präsentieren & Reflektieren	S präsentieren ihr Erklärvideo vor der Klasse [a]	Videoapp	L moderiert die
	Feedback der Schüler zu den Präsentationen [a]	Plickers	Präsentation
Nächster Schritt: HA Untersuchung weiterer Abhängigkeiten (z.B. Masse, Radius, Massenverteilung) an der schiefen Ebene (Anlage 6)			

Meine Einschätzung	Das war schwierig für mich: WLAN fehlte manchmal	
	Das könnte ich verbessern: Erstellung einer Experimentieranleitung	

Aktivierung/ Lernaufgaben	Video (youtube), learningapps, Advance Organizer (Padlet); Phyphox; Simulator
Klassenführung	Padlet (link zu learningapps)
Konstr. Unterstützung	Feedbackzielscheibe, individ. Beratung, Padlet (links zu Erklärvideos)

https://padlet.com/scharaf_girges/wcwcxjq4lgnq

Materialien/ Webseite

Anlage 1: Leifi-Physik Freier Fall (Smartphone-Experiment mit phyphox)

https://www.leifiphysik.de/mechanik/freier-fall-senkrechter-wurf/versuche/freier-fall-smartphone-experiment-mit-phyphox

Anlage 2: Phyphox Smartphone-Experiment: Freier Fall (de)

https://www.youtube.com/watch?v=fm1QcDtdRX8

Anlage 3: learningapps.org free fall

https://learningapps.org/3261762

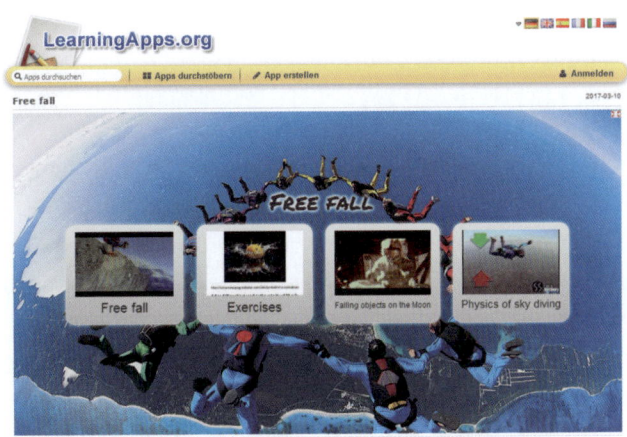

Anlage 4: Phyphox Smartphone in eine Papp-Rolle

https://www.youtube.com/watch?v=gqxBT3ROfw8&feature=youtu.be

 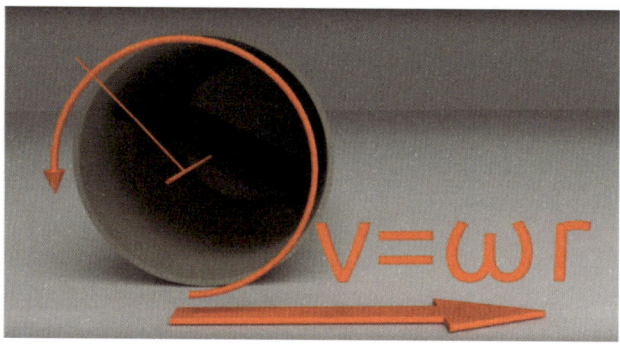

Anlage 5: Planet Schule Rutschsimulator

https://www.planet-schule.de/sf/multimedia-simulationen-detail.php?projekt=rutschen

Anlage 6: Zentral- und randlastige Dose

https://www.youtube.com/watch?v=hebr1xH-Wsw

 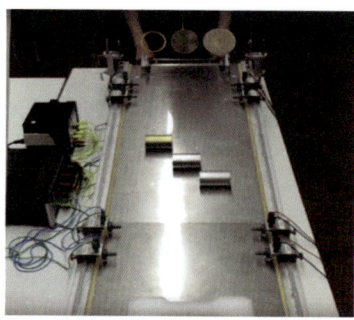 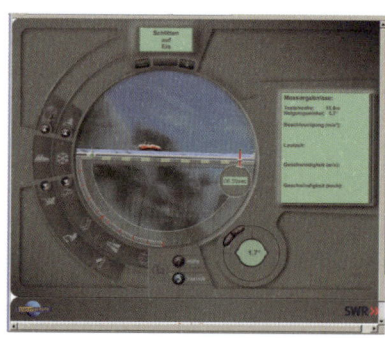

4.9 Die Dichte

Physik, 7. Jg.

Frederik Wittmann

Unterrichtsthema und Lehrplanbezug

Jahrgangsstufe:	Ph 7	Stundenthema/ Titel:
LehrplanPLUS (Lernbereich):	7.1	Die Dichte
Kompetenzerwartung		Die Schülerinnen und Schüler ... verwenden den Zusammenhang zwischen Masse und Volumen verschiedener homogener Körper, um damit Materialien zu bestimmen.
Inhalte zu den Kompetenzen		Volumen, Dichte
Vorbereitung		Material: Cola-Dosen, Versuchsanleitung, Padlet, mebis
Zeitbedarf		Ca. 90 min
Aktivierungs-Level		☒ passiv ☒ aktiv ☒ konstruktiv ☒ interaktiv → [p] [a] [k] [i]

Beschreibung des Unterrichtsverlaufs

Bei dieser Lernsäule findet es statt:	Das machen die Schülerinnen und Schüler ...	(digitale) Methode(n)	Das mache ich ...
Aktivieren	- SuS geben mit eigenen Worten die verschiedenen Möglichkeiten der Volumen-messung wieder [a] - SuS beobachten den Lehrer-versuch, bzw. folgen ggf. dem Video zum L-Versuch bereits zu Hause [p] - stellen erste Vermutungen/ Hypothesen an und schreiben diese in eine Kommentarfunktion [k]	Kugellager Optischer Impuls, Ggf. Kommentar-funktion	- Demonstrieren des Versuchs - Sammeln und ordnen der Schülerantworten - Anleiten der Plenumsphase - Verständnisprobleme und Fehlkonzepte beobachten und diagnostizieren - Hilfestellungen anbieten [L demonstriert, dass Cola-Light-Dose in einem Wasser-behälter schwimmt und eine Cola-Dose untergeht; L leitet U-Gespräch über Vermutungen an bzw. stellt Video davon und Kommentarfunktion bereits für zu Hause zur Verfügung]
Informieren	- SuS wiederholen den L-Versuch mit versch. Stoffen. [a] - SuS messen Masse und Volumen der Stoffe und notieren Messergebnisse [a], [p]	GA; Versuchs-anleitung (ggf. digital)	- systematische Einteilung der Gruppen - Leitfrage stellen und Aufgabenstellung benennen - Materialien auf- und vorbereiten - Verständnisprobleme und Fehlkonzepte beobachten und diagnostizieren - bei Klärung von Verständnisproblemen begleiten und individuelle Hilfestellungen anbieten

Ordnen	- SuS benennen die Kennzahlen und Messwerte [a] - SuS weisen die Messwerte den jeweiligen Stoffen bzw. Materialien zu [a] - SuS formulieren den Zusammenhang von Masse und Volumen [k]	GA, Hefteintrag (digitale Tafel/Doku-Kamera/App)	- Verständnisprobleme und Fehlkonzepte beobachten und diagnostizieren - bei Klärung von Verständnisproblemen begleiten und individuelle Hilfestellungen anbieten - Visualisierung der Ergebnisse aus den GA via Tafel/ Smartboard & App
Verarbeiten Lernprodukt(e) erstellen	- SuS berechnen/ bestimmen Dichte eines weiteren Stoffes aus dem Alltag [a] - SuS dokumentieren Versuch und Messergebnis [a] - Die Dichte der verschiedenen Stoffe werden in einer Tabelle eingetragen und gesammelt (via Etherpad) [a]	GA, Padlet, Experten-portfolio, Video Etherpad	- Anleitung der GA - Verständnisprobleme und Fehlkonzepte beobachten und diagnostizieren - bei Klärung von Verständnisproblemen begleiten und individuelle Hilfestellungen anbieten - technische Hilfestellung bei der Verwendung des Etherpads
Präsentieren & Reflektieren	- SuS beurteilen die digitalen Lernprodukte der Mitschüler und geben Rückmeldung über Kommentarfunktion [i] - SuS üben an Hand einer PhET Simulation. - SuS entwickeln selbst neue Aufgaben für ihre Mitschüler*innen, welche dann in einem Forum bearbeitet bzw. beantwortet und wiederum kommentiert werden können und [k] [i]	GA, Feedback EA, mebis	- Moderieren und Beobachten der Feedbackgabe durch die Peers (auch: Anleiten durch Vorgabe von Kriterien zur Beurteilung) - Feedback geben - Bereitstellen des mebis- Links für die SuS

Nächster Schritt: Bei vorgegebener Dichte Berechnung von Massen oder Volumina und sicherer Umgang mit den auftretenden Einheiten.

© Rogowsky, S. (2016, 2018): Orientierungsplan © KLARA aus der Buch-Reihe: „So leicht geht Projektunterricht" (Jahrgangsstufe 5-10; 3 Bd.). Berlin: Cornelsen.

Materialien/ Webseite

Webseite Simulation: https://phet.colorado.edu/de/simulation/legacy/density

4.10 Das Kirchenjahr und seine Feste

Religion, 6. Jg

Norbert Dönges

Unterrichtsthema und Lehrplanbezug

Jahrgangsstufe:	6	Stundenthema/ Titel: Das Kirchenjahr und seine Feste
LehrplanPLUS (Lernbereich):		
Kompetenzerwartung		Die Schülerinnen und Schüler ... verstehen das Kirchenjahr in seiner Bedeutung und erschließen dabei die biblischen Bezüge einzelner Feste
Inhalte zu den Kompetenzen		
Vorbereitung		Material: Film-Clip, Smartboard, Software für Mindmaps und Peerfeedback, iPads
Zeitbedarf		3 Stunden
Aktivierungs-Level		☒ passiv ☒ aktiv ☒ konstruktiv ☒ interaktiv → [p] [a] [k] [i]

Beschreibung des Unterrichtsverlaufs

Bei dieser Lernsäule findet es statt:	Das machen die Schülerinnen und Schüler ...	(digitale) Methode(n)	Das mache ich ...
Aktivieren	- Ansehen eines Film-Clips über Silvester-Feuerwerk ansehen [p] - Kenntnisse zur Einteilung des Kalenders benennen (Jahre, Monate, Tage, ...) [a], [p]	- Plenum - Film-Clip (z. B. Youtube), - Smartboard, Beamer - WLAN	- Auswählen, ggf. aufbereiten und präsentieren des Film-Clips - Leitfrage stellen: „Was wird hier gefeiert?" - Sammeln und ordnen der Schülerantworten (via Beamer + Smartboard, oder Tafel)
Informieren	- jeweils zwei Schüler/innen arbeiten in PA und lesen Informationen über ein bestimmtes, vorab ausgewähltes kirchliches Fest [p]	- Partnerarbeit (PA) - Internet-recherche - WLAN - mobile Endgeräte, oder schuleigene PCs/ Tablets	- Auswählen und Bereitstellen von aufbereiteten Informationen (a. Schulbuch; b. ausgewählte Internetseiten) - Verständnisprobleme und Fehlkonzepte beobachten und diagnostizieren - bei Klärung von Verständnisproblemen begleiten und individuelle Hilfestellungen anbieten - Hilfestellung bei Internetrecherche (z. B. - Erkennen von Fehlkonzepten bei der online-Recherche und Hinweise zur Suche und Bewertung von Informationen geben)

Ordnen	- Einordnen der gelesenen Informationen an die richtige Stelle des Kirchenjahres [a] - Erstellen einer Mindmap mit den gelesenen Informationen [a]	- Partnerarbeit (PA) - Arbeitsblatt (analog, siehe Anlage) - Software: „simplemindfree"	- individuelle Hilfestellung bei der (technischen) Nutzung der Software geben - individuelle Hilfestellung bei der inhaltlichen Bearbeitung des Mindmaps geben - Verständnisprobleme und Fehlkonzepte beobachten und diagnostizieren - bei Klärung von Verständnisproblemen begleiten und individuelle Hilfestellungen anbieten - Beraten
Verarbeiten Lernprodukt(e) erstellen	- Jeweils zwei Paare entwickeln gemeinsam mithilfe der geordneten Informationen aus der Mindmap eine kurze Spielszene zu dem jeweils bearbeiteten Fest (incl. Storyboard) - und erstellen einen kurzen Film mit den schuleigenen iPads [k][i]	- iPads oder ähnliche Hardware zum Erstellen von Filmen (z.B. Smartphone, Videocamera)	- Hilfestellung bei der (technischen) Nutzung der Videohard- und -software (Zeigen, Vorführen, Erklären) - Hilfestellung bei der Entwicklung des Storyboards (Moderieren, Erklären)
Präsentieren & Reflektieren	- Präsentieren der Spielszenen bzw. der Videos [p] - Peerfeedback „Ich finde euer Video gut (nicht so gut), weil ... [a][k][p]	- Beamer - Smartphones - Tablets - Software „Tweedback"	- Moderieren der Präsentationen - Moderieren der Feedbackgabe durch die Peers (auch: Anleiten durch Vorgabe von Kriterien zur Feedbackgabe)
Nächster Schritt:			

Meine Einschätzung	Das war schwierig für mich: die Moderation während der interaktiven Phase zu führen	
	Das könnte ich verbessern: konkrete Feedbackkriterien vorab mit den SuS besprechen und üben	

Materialien

Vorlagen-Beispiel für kirchliche Feste über das Jahr verteilt (Arbeitsblatt zum Einstieg in die Phase „Informieren");

Quelle:
https://schuldekan-schorndorf.de/fileadmin/_migrated/content_uploads/AB_Kirchenjahr_01.JPG

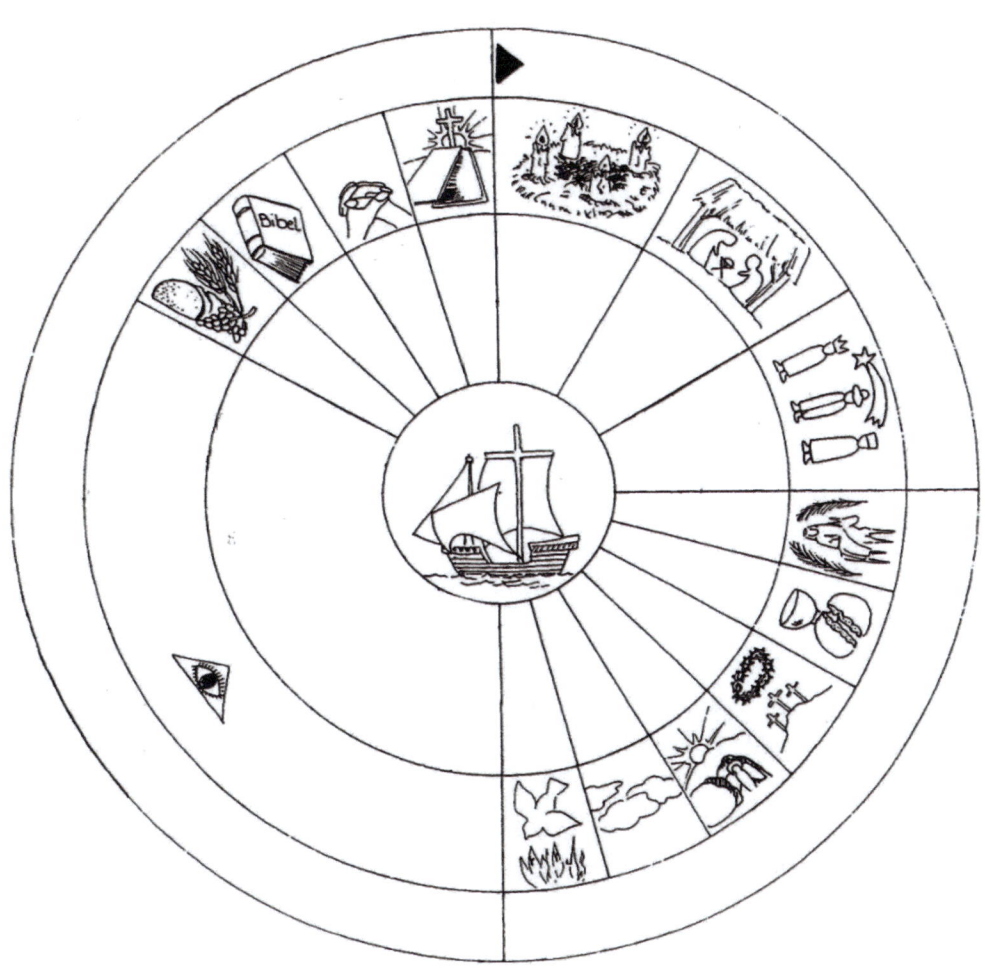

Wir haben dieses Fest bearbeitet: _____

Die Besonderheiten dieses Festes sind: _____

5. Autorinnen & Autoren

Albers, Franz, ist Vater von vier schulpflichtigen Kindern und seit 1999 Lehrer aus Leidenschaft, seit 2008 tätig am Gymnasium Marianum in Meppen. Er legt seit Beginn seiner Lehrtätigkeiten den Fokus darauf, wie sich Lehr- und Lernprozesse digital unterstützt verbessern und vereinfachen lassen. An seiner Schule, an der er als Koordinator für den Bereich "Neue Medien" verantwortlich ist, wird das Konzept der "digitalen Lernbegleitung" ab Jahrgang 7 nach dem heterogenen BYOD-Modell erfolgreich umgesetzt. (@franz_albers; marianum-digital.de)

Birkenfeld, Ilona, SemRin, ist als Realschullehrerin für die Fächer Chemie, Mathematik und IT an der Karl-Meichelbeck-Realschule in Freising tätig. Zusätzlich ist sie Seminarlehrerin für Chemie, Fachmitarbeiterin für Chemie in OBB-Ost und Multiplikator für "Sicherheit im Chemieunterricht" in OBB-Ost.

Braun, Rita, B. Ed., ist als Realschullehrerin an der Anton-Heilingbrunner-Schule, staatliche Realschule Wasserburg am Inn, tätig. Zudem ist sie Seminarlehrkraft im Fach Mathematik.

Donderer, Anja, StRin (RS), ist als Realschullehrerin für die Fächer Englisch und Geographie an der Realschule Gute Änger in Freising tätig. Zudem ist sie Fachmitarbeiterin für das Fach Englisch für die Realschulen in Oberbayern-Ost.

Dönges, Norbert, SR (RS) i.K., ist Realschullehrer an der Maria-Ward-Realschule in Burghausen.

Feyrer, Thomas, StR., ist als Berufsschullehrer am Staatlichen Beruflichen Schulzentrum Sulzbach-Rosenberg tätig.

Fischer, Frank, Prof. Dr., ist Inhaber des Lehrstuhls Empirische Pädagogik und Pädagogi-sche Psychologie an der Ludwig-Maximilians-Universität München (LMU) und Direktor des Munich Center of the Learning Sciences. Zu seinen Forschungsschwerpunkten zählen unter anderem das Lehren und Lernen mit digitalen Medien und das (computerunterstützte) kollaborative Lernen. Er hat zudem mit Beginn 2016 das Kompetenzzentrum für Medienbildung und Digitalisierung an der LMU gegründet und trägt hierdurch zur konzeptuellen und praxisorientierten Weiterentwicklung der Aus- und Fortbildung von angehenden und berufstätigen Lehrerinnen und Lehrern in Bayern maßgeblich bei.

Franke, Ulrike, M.A., ist als wissenschaftliche Mitarbeiterin an der Ludwig-Maximilians-Universität München im Bereich Medienpädagogik in der Lehrer*innenbildung mit dem Arbeitsschwerpunkt Mediendidaktik tätig.

Girges, Scharaf, BerR, ist Realschullehrer für die Fächer Mathe, Physik und IT an der Real-schule in Bad Tölz. Zudem ist er Beratungsrektor für Systembetreuung für die Realschulen in Oberbayern-Ost.

Jankowski, Dennis, ist als Physik-Lehrer am Gymnasium Essen-Überruhr in Essen tätig.

Mayer, Carsten, Dr., ist Lehrer am Hohenstaufen-Gymnasium in Kaiserslautern. Zusätzlich ist er an den Fachbereich Mathematik der TU Kaiserslautern (Schwerpunkt: Didaktik der Mathematik) abgeordnet.

Meinel, Christoph, Univ.-Prof. Dr., ist wissenschaftlicher Direktor und Geschäftsführer des Hasso-Plattner-Instituts für Digital Engineering gGmbH (HPI) sowie Dekan der Digital Engineering Fakultät der Universität Potsdam. Er ist ordentlicher Professor (C4) für Informatik und hat den Lehrstuhl für Internet-Technologien und -Systeme am HPI inne. Seine besonderen Forschungsinteressen liegen in den Bereichen Internet- und Informationssicherheit und Web 3.0: Semantic, Social, Service Web, sowie im Bereich innovativer Internetanwendungen und -Systeme, vor allem zum e-Learning & Tele-Teaching und zur Telemedizin. Daneben ist er aktiv in der Innovationsforschung rund um die Stanforder Innovationsmethode des Design Thinking.

Pflaum, Maximilian, StR(RS), ist als Realschullehrer für die Fächer Mathematik, Sport und IT an der Realschule Gute Änger in Freising tätig. Dort ist er als MiB-Tutor Ansprechpartner für Fragen zur Medienerziehung und zum digitalen Unterricht.

Pirner, Fabian, StR (RS), ist Realschullehrer mit der Fächerverbindung Informatik und Wirt-schaftswissen-schaften an der Karl-Meichelbeck-Realschule in Freising. Zudem ist er Seminarlehrer für das Fach Informationstechnologie.

Rühling, Veith, ist als Lehrer an der Albert-Einstein-Mittelschule in Augsburg tätig. Zudem ist er an den Lehrstuhl für Schulpädagogik der Universität Augsburg mit dem Schwerpunkt Digitalisierung von Schule und Unterricht abgeordnet.

Rogowsky, Sascha, StR (RS), ist als Realschullehrer an der Walter-Mohr-Realschule in Traunreut tätig. Zusätzlich ist er Fachmitarbeiter der MB-Dienststelle Oberbayern-Ost.

Rose, Johannes, OStR i. K., unterrichtet die Fächer Deutsch, Geschichte und Informatik an der Hans-Ehrenberg-Schule in Bielefeld. Er ist dort zuständig für die Koordination des digitalen Lernens.

Schatz, Christina, M.Ed., ist Realschullehrerin für die Fächer Deutsch und Geographie und derzeit als wissenschaftliche Mitarbeiterin am Lehrstuhl für Schulpädagogik der Universität Augsburg tätig. Ihr Arbeitsschwerpunkt liegt auf Schulprojekten, die eine evidenzbasierte Schul- und Unterrichtsentwicklung sowie Haltungsarbeit mit Lehrpersonen zum Ziel haben sowie auf medienpädagogischen Themen des Lehrstuhls (z. B. MOOC „Lernen 4.0 – Chancen und Grenzen einer Digitalisierung im Bildungsbereich").

Schindler, Anja, StRin (RS), ist Realschullehrerin an der Walter-Mohr-Realschule in Traunreut. Zusätzlich ist sie als Medienpädagogisch-informationstechnische Beratungslehrkraft tätig.

Steckenbiller, Michael, StR (RS), ist Realschullehrer für die Fächer Englisch, Geschichte und Sozialkunde sowie MB Fachmitarbeiter für Sozialkunde im Bezirk Oberbayern - Ost.

Tögel, Jonas, ist wissenschaftlicher Mitarbeiter am Lehrstuhl für Schulpädagogik der Universität Augsburg und ausgebildeter Gymnasiallehrer für die Fächer Englisch, Französisch und Spanisch.

Wittmann, Frederik, BerR, ist als Realschullehrer für die Fächer Mathe, Physik und IT an der Realschule in Gmund am Tegernsee tätig. Zudem ist er medienpädagogisch-informationstechnischer Berater für die Realschulen in Oberbayern-Ost.

Wisniewski, Benedikt, Dr., ist Staatlicher Schulpsychologe an der Schulberatungsstelle für die Oberpfalz und wissenschaftlicher Mitarbeiter an der Universität Augsburg mit dem For-schungsschwerpunkt „Feedback". Er war lange Zeit als Lehrer und Seminarlehrer für Psychologie tätig und hat die Plattform www.feedbackschule.de, ein Online-System für Unterrichtsfeedback, mitentwickelt.

Zierer, Klaus, Univ.-Prof. Dr., ist Ordinarius am Lehrstuhl für Schulpädagogik an der Universität Augsburg. Hervorzuheben sind seine Arbeiten im Anschluss an John Hattie, die er zunächst mit Wolfgang Beywl ins Deutsche übertragen hat, mittlerweile aber auch in eigenständigen Projekten und Publikationen fortführt – unter anderem auch zum Thema Digitalisierung („Lernen 4.0 – Chancen und Grenzen einer Digitalisierung im Bildungsbereich").